日本人だけが知らない
「がんばらない」
投資法

資産構築コンサルタント
中井俊憲

二見書房

突然ですが、

クイズです!

成人している日本人（約1億人）のうち、
1億円以上の資産を持っている人は
どれくらいいるでしょうか？

①40人にひとり

②2000人にひとり

③1000人にひとり

答えは、

①40人にひとり（約2773万人）

（クレディ・スイス『Global Wealth Report 2014』より）

意外に多くて、ビックリしませんか？

しかもこれは負債を引いてなお、

1億円以上の資産がある人です。

昔、机を並べていた**クラスメイトのなかに、**
ひとりくらいは資産1億円以上の
お金持ちがいる。

「めざせ！　夢の億万長者！」なんて、
せっせと宝くじを買うよりも**よっぽど高確率**です。

このお金持ちとあなたの違いは、　ただひとつ。

お金と仲良くなるための情報を
得ることができたか、そうでないか。

たったそれだけです。

つまり、

あなただって情報さえ手に入れれば、お金持ちになれるということ！

この本がそのカギになるかもしれません。

目次

日本人だけが知らない
「がんばらない」
投資法

序章 「お金が育つ」って、ワクワクすること！

第1章 お金に対する思い込み、なくしませんか？

第2章 自分のお金、しっかり守れてますか？

第3章 日本人が陥りやすい投資のワナ、知っていますか？

第4章 これでも「貯金1億円」は「夢の話」でしょうか？

終章 あなたの人生、今からもっと自由になります！

序章

「お金が育つ」って、
ワクワクすること！

普通の会社員から、夢の海外移住生活へ！

はじめまして、資産構築コンサルタントの中井俊憲《としのり》と申します。別の言い方をすると、資産運用に特化したファイナンシャルプランナーです。

ファイナンシャルプランナーとは、お金の専門家。

世の中でファイナンシャルプランナーと呼ばれる9割以上の方は保険の代理店や販売員です。でも私は保険よりも資産運用に興味があり、得意分野でもあるので、自分でもさまざまな投資をしたり、クライアントの相談にのったりしています。

なぜなら、お金を育てて増やすほうがワクワクするし、いろんな夢がかなうからです。

事実、私は資産運用と出会ったおかげで、昔からの夢だった海外移住生活を実現できました。

２０１３年に移住したシンガポール。私たち家族が住むコンドミニアムには、プールやジム、バーベキューピットにテニスコートがついています。

シンガポールは常夏なので、プールの気持ちよさは格別。そこで愛する妻、かわいい息子との時間を毎日でも楽しむことができます。

また、平日の朝にいきなり「今日はのんびりしたいな」と思い立ったら、その日の午後にはお隣のインドネシアやタイやベトナムに出かけて、家族とのんびりバカンスしたりしています。

そんな私も、数年前までは日本に暮らす普通の会社員でした。

普通の、というよりも、かなりハードな生活をしていました。朝早くから夜遅くまで働き、土日出勤も当たり前。友人から「会社に首輪を付けられてるね」といわれても、まったく反論できませんでした。

そんな生活に疑問を抱きはじめたとき、とあるきっかけから資産運用に目覚めました。そのお陰で当時、夢に描いていた人生を手に入れることができたのです。

お金持ちが押し寄せる国、シンガポール

シンガポールと聞いてどんなイメージを思い浮かべますか？　やっぱり、マーライオンでしょうか？

最近では、マリーナ・ベイ・サンズという５つ星ホテルも大人気です。地上１９４メートルの天空に浮かぶ屋上プールは、ＳＭＡＰが出演するＣＭに使われ、一気に有名になりました。

プールに入ると、まるで空を飛んでいるかのような錯覚を起こすほど、素晴らしい眺めが楽しめます。ホテルに宿泊しないと入れないので、ぜひ一度訪れてみてください。

このように観光に力を入れているシンガポールですが、もうひとつ力を入れていることがあります。

それは金融です。

シンガポールは東京23区と同じ程度の面積で、とても小さな島です。土地も資源もありません。水でさえお隣のマレーシアから輸入しているほどです。

そんな何もない島国が国家として、どうやって生き延びるか？　海外からお金を集められるか？

その答えが金融でした。

現在、シンガポールでは税率を下げたり、投資の優遇をすることで世界中から企業やお金持ちを呼び寄せています。

ジョージ・ソロスやウォーレン・バフェットと並ぶ世界三大投資家のひとり、ジム・ロジャーズもシンガポールに移住しました。

高い教育水準や医療水準に加え、投資家にとって魅力的な環境が移住を決める要因になったそうです。

お金持ちが集まるということは、資産運用に関する質の高い情報も集まります。私はシンガポールの銀行や運用会社を通じていくつかの投資をしたり、日本にいる仲間たちから資産運用に関するさまざまな相談を受けたりしています。

お金は汚いもの？

シンガポールに住んでいて気づいたのですが、シンガポールと日本ではお金に対する考え方がずいぶん違います。

日本はお金に対して、ネガティブなイメージをもっている人が多い気がします。お金は汚い、お金に細かいことは下品、いやらしい、卑しい、浅ましい……。お金持ちに対しても「きっと悪いことをして稼いだに違いない」。不労所得については「楽して儲けるなんて悪いことだ」「お金は汗水たらして稼ぐものだ」などなど。

一方、シンガポールは、お金に対してもっとニュートラルです。

タクシーに乗って、運転手に自分が住んでいるコンドミニアムを伝えると、「いいところだね。家賃はいくら？」とか、「何の仕事してるの？　給料はいくら？」とか、普通に聞いてきます。

日本では、あり得ないですよね。このお金に対して自然体な感じが本当におもしろいなと思います。

あなたがお金持ちになることを邪魔している何かがあるとするならば、お金に対するネガティブなイメージかもしれません。

お金は汚い、お金持ちは悪いことをしている……などというイメージがあると、どうしてもお金持ちにはなれません。

潜在意識が拒否しているからです。もっと、**お金を自然なものとして受け入れられたとき、お金持ちへの扉も開く**ように私は感じています。

日本人はどうして貯金が好きなのか?

日本人は他の国にくらべて、投資よりも貯金をする人の割合が大きいという特徴があります。

以前より身近になったとはいえ、株やＦＸ、投資信託をしている人はまだまだ少数派。

貯金以外にするとしても、せいぜい「貯蓄性のある保険」といったところでしょうか。

いったい、いつから日本人は貯金をするようになったのでしょう?

「江戸っ子は宵越しの金は持たねぇ」って、聞いたことはありませんか?

その言葉どおり、江戸時代は貯金の習慣はありませんでした。それどころか、民衆の間では投資が盛んだったという記録があります。

それが明治時代に入り、戦争で莫大なお金が必要になりました。そこで、政府は国民に貯金をさせ、そのお金を使って武器を作ることにしたのです。

戦後の高度経済成長のときも、政府は国民に貯金を呼びかけました。そのお金でダムや道路をつくり、企業に融資して、経済を発展させていきました。

このように明治時代から政府が国民に貯金を推奨しつづけた結果、私たちの祖父母世代が貯金信者になり、親もその影響を受けて、私たちにも貯金をするように教えました。

たしかに、貯金は大切です。無駄づかいをするよりはよっぽどましです。

ただ、時代が変わり、貯金にもリスクが出てきたことにあなたは気づいているでしょうか?

あなたの貯金はすでに3分の1奪われている

２００５年、１ドル80円だった円は、２０１４年には1ドル１２０円になりました。

これは、海外の１ドルの商品を今までは80円で買えていたのに、１２０円出さないと買えなくなったということです。

すなわち、この10年の間に、日本では輸入品の価格が１・５倍になったことになります。

言い換えると、円の価値が３分の2になってしまったのです。

日本は石油も食料も海外に頼っているので、生活費が大きく上がっています。実際に、スーパーに並ぶ食料品も値上がりしていますね。

そう考えると、この円安のせいで「あなたの貯金が３分の1奪われた」ともいうことができます。

この円安は当分続くと見られています。ということは、収入は変わらないのに、まだまだ物価が上がることが予想されます。あなたの貯金もますます減っていくことになるかもしれません。

ある日突然、自分の預金が引き出せなくなる

貯金のリスクはもうひとつあります。

それは、引き出せなくなること。

２０１５年前半は、ギリシャが財政破綻《はたん》寸前でニュースにもよく取り上げられたのをご記憶だと思います。

そんなギリシャでは、国が1日の引き出し額をひとり60ユーロ（約８０００円）に制限しました。ギリシャの国民は自分の貯金が下ろせなくなることを怖がって、銀行のＡＴＭでどんどん出金しました。

その結果、ギリシャ国内の５０００台のＡＴＭのうち、２０００台が空っぽになってしまったといいます。

キプロスが財政破綻したときは、一定金額以上の預金をカットして、政府が没収しま

した。海外送金も厳しく規制し、お金を国外に逃がさないようにしました。

最近の日本でも実際、ＡＴＭの引き出し額や送金額が低く抑えられたり、海外への送金が厳しくなったりしてきています。「犯罪収益移転防止」という建前ですが、実は来たる日に備えて、国民が貯金を引き出しにくい体制をつくっているのかもしれません。

マイナンバー制が導入されると、あなたの貯金がどこの銀行にいくらあるかということまで、政府が把握することになります。

日本政府は国民から税金をきっちり取るための準備を着々と進めているともいえるのです。

さらに日本の財政が悪化して、いよいよ預金封鎖が起きたとします。ある日突然ＡＴＭがストップし、お金が一切下ろせなくなります。

当然、銀行の窓口も開いていません。その間に、貯金に税金がかけられ、政府に没収されます。

もしくは、極端なインフレを起こして、円の価値を下げることで、借金の額を実質減らす手法をとるかもしれません。

「そんなバカなことは起こらないよ」と思いますか？

でも**過去に2回も、日本は国民の財産を没収している**んです。

詳しくは後でお話ししますが、要は日本の銀行に貯金しておくだけで、税金をかけられ没収されるリスクがあるということです。投資にはリスクがあって、貯金にはリスクがないということはもういえません。

あなたが一生懸命働き、資産運用をして貯めたお金を、ある日突然「預金を封鎖する」といって没収されてしまったら……？

あなたは、どう思いますか？

老後破産の現実

もし、日本が財政破綻せずに、なんとかこの財政難を乗り切ったとしましょう。私もそう願います。ただ、それでもまだ問題があります。

それは、「老後破産」です。

ＮＨＫで『老後破産の現実』というドキュメンタリー番組が放送されました。

貯金が底をつき、年金だけで暮らす老人たち。家賃と食費と病院代だけで年金を使い切ってしまい、生きる希望をもてない姿を生々しく映し出し、とくに解決策を提示するわけでもない放送は、見ているだけでとても憂鬱な気持ちになってしまいました。

ご存じのとおり、現在、日本では少子高齢化が進み、年金を払う世代がどんどん少なくなっています。

学習院大学の鈴木亘教授が、国が公表しているデータをもとにまとめたところ、2006年に165兆円あった年金の財源が、2011年には125兆円に激減しています。このペースで取り崩すと、2038年には厚生年金の財源が底をつく計算になります。

さらに、10年〜20年後は受け取れる年金額が「現在の半分以下になる」という試算もあります。

つまり、今のサラリーマン家庭の平均受取額は月に約23万円ですので、将来的には月10万円程度しか受け取れない可能性が高い、ということ。

追い打ちをかけるように、年金の支給開始年齢もさらに引き上げられようとしています。昔は60歳からだったものが、65歳からに。そして今また、70歳、もしくは75歳からにするべきとの議論がなされているのです。

もし、それが現実となったとき、老後破産する人は今よりもずっと増えるでしょう。退職金も減ったうえに、年金がもらえる年齢まで最低でも5年は自分でなんとかしなければならない状況が待っているのです。十分な老後資金をつくるためには、各々が知恵を絞り、行動しなければならない。

これが、今の国民に突きつけられている大きな課題なのです。

60歳のときに2000万円の貯金があったとしましょう。そこから夫婦で毎月20万円ずつ使うとします。住居費、食費、交通費、通信費、保険、医療費、介護費、税金などの支払いを考えると、20万円はかなり切り詰めた金額です。それでも2000万円の貯金は68歳で底をつきます。もし、年金の支給開始年齢が70歳に引き上げられていれば、年金を受け取る前に貯金がなくなってしまうのです。

現在、男性の平均寿命が80歳、女性は86歳です。貯金が底をついてから10年以上も長い老後生活が待ち構えています。

ちなみに、ゆとりのある生活費は夫婦で月35万円というデータがあります。ちょっと旅行に行ったり、おいしいものを食べたり、趣味にお金を使ったりできる生活費です。

60歳のとき、４０００万円の貯金があったとしましょう。これだけの貯金ができる家庭は現役時代のお給料もよかったはずです。すなわち、生活レベルが比較的高かったということ。

そんな家庭が老後、急に生活費を切りつめ、質素に暮らすのは難しいのが現実です。長年の習慣はそう簡単には切り替えることができません。

すると、４０００万円ある貯金も、月35万円ずつ取り崩していくと、なんと69歳で底をつく計算になります。もし年金の支給開始が70歳になっていれば、年金を受け取る前に、貯金が底をついてしまうということです。

貯蓄が底をつく年齢

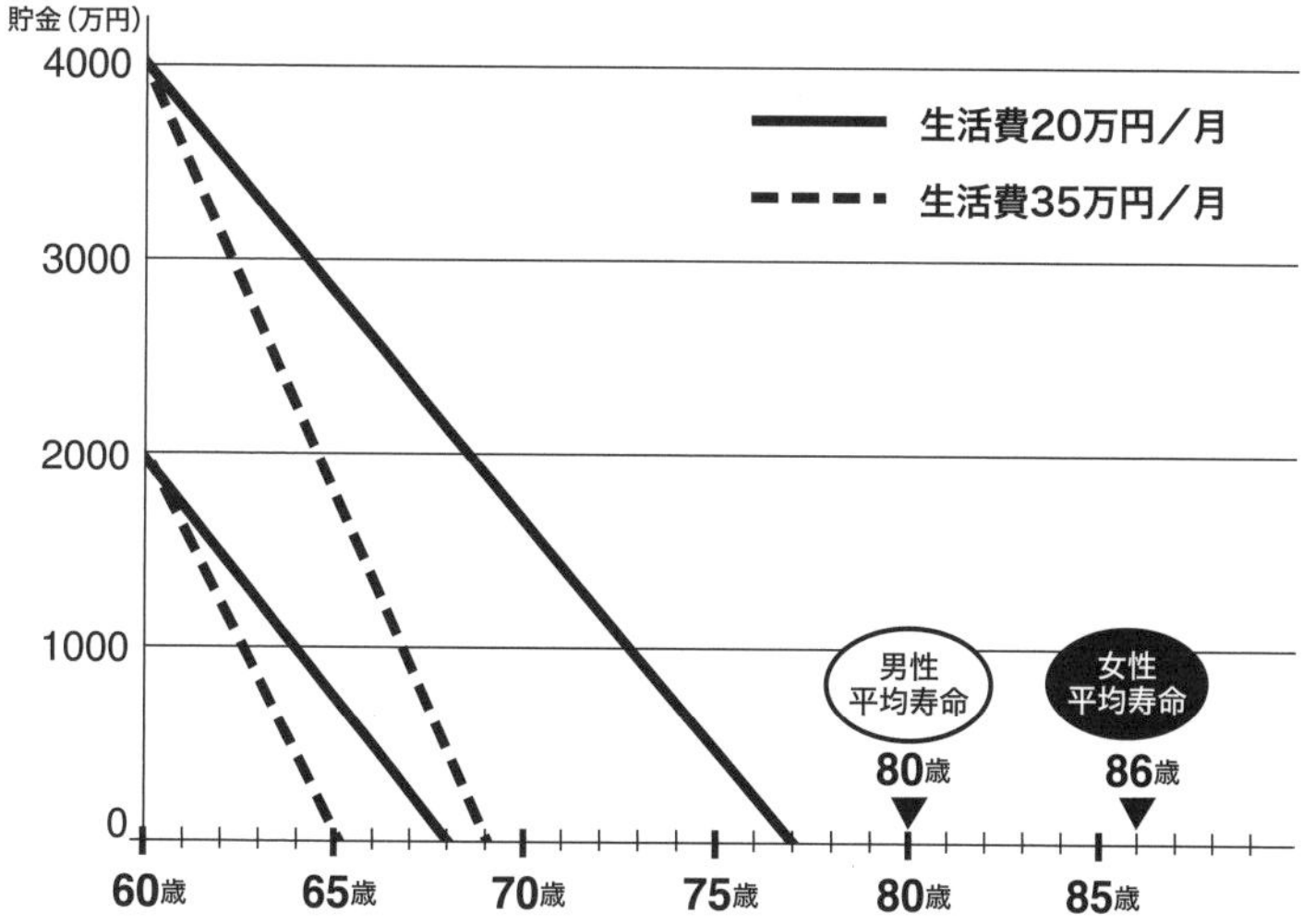

どうでしょう？　あなたは十分な老後資金を貯金だけで準備できそうでしょうか？　相当厳しいと思われるかもしれません。

政府もそう思っています。

だから、「貯蓄から投資へ」というスローガンを掲げ、確定拠出年金（４０１Ｋ）やＮＩＳＡを使い、国民に投資をするよう呼びかけているのです。

「もう年金だけを当てにしないでください。自分の老後は自分で準備してください」というメッセージです。

まずは、守りを固めること

怖い話をたくさん出してしまって、すみません。でも、どれも現実の話なのです。

私にいわれなくても、あなたも資産運用の必要性はうすうす気づいていたかもしれません。

ただ、「貯蓄から投資へ」といわれても、失敗するのは怖いし、勉強するのは面倒。

株やFXの値動きに毎日イライラしたくない。そもそも、何から始めていいのかわからない……。

こんな考えが出てきて、「結局、何も始められない」と、私のもとに相談に来られる方が大勢います。

実はそんなあなたにピッタリの運用方法があります。詳しくは第4章でお話しますが、基本的にほったらかしでも大丈夫な方法です。中長期で見ると安定して資産を増やせる方法です。勉強したり、がんばる必要もありません。

でも、資産運用より先にやらなければいけないことがあります。それは、**お金の守りを固めること**。

私たちは情報不足や無意識のせいで、余計なお金を相当使っています。保険、税金、ローン、衝動買い……などなど。

守りが甘く、本来出て行く必要のないお金が垂れ流されていると、どれだけ収入が増えても、どれだけ資産運用でお金を増やしても、十分なお金を貯めることはできません。

だから、まずは守り、しっかり固める方法を知りましょう。

無駄に出て行くお金をとめるだけで貯金は増えます。そして、資産運用に回す資金にもなります。

第2章ではお金の賢い守り方についてお話しします。この章だけで、人によっては年間100万円以上浮いてしまいます。

実際、私は会社員の頃、合法的に年間30万円以上の節税に成功しています。


そんな方法、知りたくないですか?

少しワクワクしてきませんか?


この本を最後まで読めば、きっともっとワクワクしてくるはずです。

そして**「お金は汚いものじゃない。ワクワクさせてくれるもの」**という私の考えにも、大きくうなずいてくれる。そんなあなたに出会えるはずです。

さあ、いっしょに新しい扉を開けていきましょう!

第1章

お金に対する思い込み、なくしませんか？

常識は偏見のコレクション

またまた、突然ですがクイズです！

「日本のサラリーマンの1日の平均就労時間はいったい何時間でしょう？」

①7時間45分
②9時間15分
③10時間5分

Q

答えは「①7時間45分」です（厚生労働省『平成24年就労条件総合調査結果の概況』）。

「意外に短いな」と、感じたあなた、本当にそうでしょうか？　これに昼休みの時間と朝晩の通勤時間を足してみてください。

言い尽くされていることではありますが、人は社会に出たら最後、起きている時間のほとんどを仕事に費やしている、といっても過言ではないのです。

「いやいや、大人になったらみんなそうでしょう！」

「働かなきゃ、食べていかれないでしょう！」

そんな声が聞こえてきそうですね。

「お金は汗水たらして稼ぐもの」という価値観のなかで育ってきた私たち日本人にとっては、当然のことなのかもしれません。

でも、この本を手に取った以上はそういう思い込みは一度、取り払っていただきたいのです。

東日本大震災に見舞われたとき、私たち日本人の冷静さ、勤勉さ、礼儀正しさは世界中の人々から称賛されました。たしかに、日本人の国民性は私も誇らしく思っています。

けれども一方で、古い時代の常識や固定観念の枠から出られない、臆病で不器用な一面も感じてしまうのです。

シンガポールで暮らすようになって、その思いはますます強くなりました。とくに、日本人のお金に関する思い込みは、外国人から見たら「不思議のかたまり」です。

「幸せはお金じゃ買えない」

「お金は、普通の暮らしができる程度あればいい」

「お金に細かいのは卑しいこと」

……などなど、多くの日本人が抱くこんな思い込みの数々は、あなたのなかにもひとつくらいはあるのではないでしょうか？

私たち日本人が「常識」と信じて疑わない、このお金に関する思い込みは子供の頃に見た周囲の大人たちの言動、とくに親の教えによる影響が強いと考えられます。

大事な教えではありますが、これらのなかには、今も役に立つものもあれば、すでに時代にそぐわなくなってきているものもあります。

それまでの常識をくつがえし、相対性理論を提唱したアインシュタイン博士は「常識とは、18歳までに身についた偏見のコレクションにすぎない」といっています。科学の世界だけでなく、お金の世界でも同様のことがいえるのです。

かくいう私も、子供の頃の経験や親からいわれたことに長らく大きく影響されていました。それにより「お金持ちになる」という思いや行動が制限され、「現状から抜け出させまい」とする無意識のブレーキになっていたこともありました。

その私がどのようにして、日本ならではのお金の常識から解き放たれ、お金と正しい付き合い方ができるようになったのか？

第1章では、そのいきさつをお話ししたいと思います。

もちろん「早く実用的な話を知りたい」という方は、この章を飛ばしてくださってかまいません。

第2章は「日本のお金の常識」が世界的にはどれだけ非常識であるか、ということ。第3章は日本人が陥りやすい資産運用の罠、第4章はお金を育てていくための実践的なステップについてお話ししていますので、興味のあるところから読んでいただければと思います。

お金がないとケンカになる

私は1981年、奈良県奈良市で生まれました。父親は食品会社のサラリーマン、母親は家計を助けるためパートに出ているような、ごく一般的な家庭でした。

小学生の頃のおこづかいは毎週日曜に手渡される100円。私は毎週日曜日がとても楽しみでした。その100円を握りしめ、近所の駄菓子屋に走ったことをよく覚えています。

でも、その幸せは長くは続きませんでした。というのも、仲のよかった友達がおこづかいを週に1000円ももらっていることを知ってしまったのです。

その差10倍……。

額を上げてもらおうと両親に頼んでも、「うちにはお金がないからダメ」といわれ、取りつく島もありませんでした。

私も一児の父となった今は、子供に安易に大きなお金を渡すべきではないと考えるようになったので、両親の方針は正しかったと感謝しています。

それでも負けず嫌いだった私は子供ながらにどうしようもない敗北感を味わいました。

また、私の小学校には月に1回、農協から職員が来て、生徒たちのお金を『こども貯金』といって集金していました。通帳の金額が徐々に増えていくのがうれしく、私はなけなしのおこづかいから毎月いくらかを貯金していました。

金額以上にうれしかったのが、そのことを両親から褒められること。私のなかで貯金することは完全に「いいこと」となっていきました。

両親はとても保守的で、「お金は汗水たらして働いて手に入れるもの」と考えていました。「投資で稼ぐなんてもってのほか」、よくそう口にしていましたし、まわりに株をしているような大人もおらず、私も自然と「そういうものなのかな」と考えるようになりました。

ただ、保守的とはいえ、父はお金を気前よく使う人で、母はとにかく節約する人でしたので、「そんな無駄づかいばっかりして！」と、しょっちゅうぶつかっていました。

これも、今となっては本気のケンカではなくて、コミュニケーションのひとつだったと思えるのですが、子供だった私の心には、

「お金がないとケンカになるんだ」

「無駄づかいはしちゃいけないんだ」
という思いが、深く刻み込まれることになったのです。

教えるのって、楽しい！

一浪を経て、京都大学工学部に入学した私は、奨学金を申請しました。両親に金銭的負担をかけたくない、という思い以上に、私の学費のことで両親をもめさせたくない、という思いが強かったのかもしれません。

大学では、フィギュアスケート部に入部しました。

中学では卓球部、高校はパソコン部……と地味なクラブばかりだった私ですが、軽い気持ちで体験したフィギュアスケートにすっかり夢中になってしまったのです。

華やかな印象のフィギュアスケート。しかし、美しい演技をするには地道な基礎練習が欠かせません。地味なわりにきつい基礎練習を嫌がる部員も多いのですが、私はむしろ基礎を積み重ねることが好きでした。

さらには、自分で体得したコツを人に教えることも好きでした。正直にいうと、
「中井先輩は教えるのがうまいですね！」
「先輩のおかげでコツがすごくよくわかりました。どうもありがとうございます！」
といった言葉がとてもうれしかったのです。

褒めてくれた後輩は、もしかしたらお世辞でいってくれたのかもしれません。けれども、褒められたこと、感謝されたことがうれしくて、私は「もっといいアドバイスをしたい！」と思うようになりました。

「もっといいアドバイス」とは、「それぞれの状況、特性」を知り、活かすことです。技術的な話はここでは省きますが、選手ごとの体型やもっている雰囲気、技の得意・不得意、どんな演技を目指したいか。さまざまな分析をしたうえで「こうするといいよ」と伝えることにやりがいを感じるようになったのです。

そうして、３回生に進級した私はキャプテンに選ばれ、気づけばチーム全体がレベルアップ。大会では個人や団体でいくつものメダルを獲得しました。

このとき、私が一番感じていたのは、自分が学んで身につけたことをわかりやすく人

に伝えることによって、その人に成果を出してもらうことの喜び。

そして、人に何かを教える仕事、コンサルティング職に就きたいと考えるようになりました。

コンサルティングというのは自分のもっている情報や経験、ノウハウを活かして、相手の抱えている問題を解決したり、かなえたい未来を実現するためのお手伝いをする仕事です。

コンサルティング会社を立ち上げたり、フリーで活動される方もたくさんいますが、当時の私の選択肢には「会社員」しかありませんでした。

コンサルティングができる会社を十数社まわり、最終的に精密機器メーカーのコンサルティング職を選んだのです。

年収980万円の代償

実はその会社を選んだ最終的な決め手は年収でした。そこは、生涯賃金ランキングでよく1位になる会社で、当時の社員の平均年収が約1400万円。就活生の間でも大人気の会社でした。

小さい頃から負けず嫌いだったことと、貯金を増やすことに喜びを覚えていた私は「給料は高いに越したことはない」と思い、その会社に決めたのです。

社会人になるにあたり、数百万円にもなる奨学金を返さなければならないプレッシャーもありましたが、「これで僕の人生、もう心配ないぞ！」と、目の前には明るい展望が広がっていました。

期待どおり、入社して3年目には年収が980万円になりました。大学時代の友人たちの倍以上の額です。

しかしその分、勤務実態は「ハード」という言葉では表現しきれないほどの厳しさでした。毎朝7時半に出社、22時過ぎまで残業するのが当たり前。土日も出勤、有給休暇もなかなかとることができませんでした。

さらに驚くことには、40代、50代の先輩たちも同じように働いていましたし、体を壊して辞めていく人も多くいたのです。

「こんな環境で、本当に定年まで元気に働けるのかな？」

「いくら給料がよくても、体を壊したら何にもならないんじゃ……」

入社当初の思いとは裏腹に、不安ばかりが日に日に大きくなっていきました。


その頃、同じ部署の先輩に、初めてのお子さんが生まれました。当時の私は忙しすぎて、女性との出会いもなく、結婚なんて夢のまた夢でした。

「疲れて家に帰っても、奥さんや子供が待ってくれていたらうれしいだろうなぁ……」

と、その先輩をうらやましく思っていたのですが、当の先輩はあまり幸せそうではありませんでした。

ある日、思い切ってその理由を尋ねてみると、

「俺、子供が起きているところをほとんど見ていないんだよ」

と、先輩は力なく答えました。

「えっ、どういうことですか？」

「朝、家を出るとき、子供はまだ寝てる。夜、家に帰れば、子供はもう寝てる。俺、子供が生まれてから、ほとんど寝顔しか見てないんだよ。うちの会社、給料はいいけど、

これじゃあ何のために生きているのかわからないよな……」

先輩の思わぬ告白に、私は言葉を失いました。自分の初めての子供の一番かわいいとき。その成長を見ることができないなんて……。

単身赴任ならまだしも、いっしょに暮らしているのです。「何のために生きているかわからない」という言葉はけっして誇張でないだろうと思えました。

そして、「何のために生きているかわからない」状況は、私も似たようなものでした。「お金のために自分の時間をどれだけ会社に捧げなきゃならないんだろう？　もっと自由な時間がほしい……」

いっそ転職しようかと、大学時代の先輩や同級生に相談しましたが、

「それだけの給料をもらっているんだから、少々キツくても仕方ないんじゃない？」

「転職するにしても、今以上にいい条件の会社なんてないよ。よく考えたほうがいいよ」

などといった答えしか返ってきませんでした。

たしかにそれは正論で、生涯賃金1位の会社から転職したところで、時間どころかお金の自由も奪われるだけ。状況はさらに悪くなるだけでしょう。

「それなら、このまま働きつづけるしかない。お金に困らないだけでも、十分幸せじゃ

ないか」

そう割り切って、仕事漬けの生活を続けるものの、どうしても気分がすっきりしません。通勤電車に揺られているときやわずかな休憩時間など、少し気を抜くと必ず「この先何十年も休みなく働いて、家庭をもっても自分の子供の成長すら見られない……」という暗い気持ちになるのです。

「たった一度の人生なのに、これでいいのかな？」

そう自分自身に問いかけると、心の奥からはっきりと「このままじゃ嫌だ！」という悲鳴にも似た声が聞こえてきます。

たった一度の人生なら、もっといろいろなことに挑戦したい。お金も時間も、できるかぎり妥協したくない。だけど「今の収入レベルを維持しながら、自分の時間を増やす」なんてことが、果たして可能なのだろうか……？

そんなふうに思い悩んでいたとき、気分転換に立ち寄った書店。何気なくのぞいたビジネス書コーナーで、ふと手にとった本がロバート・キヨサキの『金持ち父さん　貧乏父さん』でした。

「お金持ちになるには、お金について学ばなければならない」

「貧乏人はお金のために働くが、お金持ちはお金に働かせる」

不労所得を得て、いかに賢く財産をつくっていくか。そこに書かれた生き方、言葉の数々に、私は大きな衝撃を受けました。

そして、この本との出会いが私の人生を大きく変えるきっかけとなったのです。

ラッキーな投資家デビュー

その日からというもの、私は寝る間も惜しんで投資関連の本を読みあさりました。初心者向けの本を読破した後は、より実践的な内容へ。証券会社のホームページや個人投資家のブログにも目を通し、ひととおりの知識がついた頃、冬のボーナスの時期がやってきました。

入社以来、数百万円のボーナスをもらったところで「忙しすぎて使うヒマもない」と空しく思っていましたが、このときばかりは、

「よし、このボーナスを元手に、投資家デビューしよう！」

と、弾むような気持ちになりました。

まずはインターネットで証券口座を開設。初めての投資は、ブラジル関連の投資信託でした。

ちょうどブラジルでの、サッカーワールドカップと2016年のオリンピック・パラリンピックの開催が決定したばかりだったので「これからも上がりそうだな」と思ったのです。

投資系の雑誌を見ても「ブラジルはまだまだ盛り上がる」と書いてある記事ばかり。私はここぞとばかり、ブラジル株を100万円ほど買いました。

「初心者なんだし、まずは手堅そうなところから。少しだけでも増えればラッキー」その程度の気持ちでいたのですが、私の買った銘柄は順調に値上がりし、1カ月後には100万円が110万円に増えたのです。

実はこの頃、リーマンショックで大きく下がった株がリバウンドをしていた時期だったので、何を買っても儲かる時期だったことも大きかったのでしょう。

「ビギナーズラックって、本当にあるんだなぁ……」と思いつつも、投資に目を向けたのは正解だったとうれしくなりました。

銀行に100万円預けたところで、ほとんど金利がつかない時代に、短期間で10万円も増えたのです。

もちろん、銘柄の値動きは日々変動するものですが、当時の私は「1カ月お金を寝かせておいただけで10万円増えた。投資ってすごい！」と、すっかり舞い上がってしまいました。

その後、証券会社ですすめられた新興国の投資を追加で注文。その銘柄がまた値上がりしたことで、今度はFXも始めることにしました。

この時点で、すでに300万円近くを投資に回していましたが、資金は順調に増えていて、失敗する気配はみじんも感じられません。

「なんだ、投資って意外と楽勝じゃないか。もっと早く始めればよかった」

そんな気持ちで過ごすうち、

「投資関連の資格を取って、独立しようかな」

「ある程度の資金ができたら、マンションのオーナーになるのもいいなぁ」

などといった夢を抱くようになりました。

会社を辞める恐怖

夢を抱くだけでなく、私はファイナンシャルプランナーや生命保険募集人、証券外務員など「お金に関する専門職」の資格を次々に取っていきました。

「お金持ちになるためにはお金について学ばなければならない」という『金持ち父さん貧乏父さん』の言葉を実践したのです。

保険、税金、年金、株、FX、投資信託、不動産など、お金に関するひととおりのことを学ぶと、その知識を会社の同僚や友達にも教えてあげるようになりました。

とくに保険や税金は知っているだけで得をすることがたくさんあります。詳しくは第2章でお話ししますが、このとき教えてあげた人にはとても感謝されました。

大学時代、フィギュアスケートを後輩に教えて感謝されたことがフラッシュバックし、「人に何かを教えることが天職なのかもしれない」と、感じはじめました。

お金の知識を人に教えることが楽しくなると、平日は会社員として働き、土日はお金の勉強会を主催したり、個別相談を受けたりと、週末起業のようなことになっていきました。

体力的には相当無理をしていたと思うのですが、いやいやしていた会社の休日出勤とは違い、自分の好きなことですから、楽しくて仕方がありませんでした。

そのうえ感謝もされるのですから、それまでに仕事では体験したことのないようなやり甲斐も感じていました。


週末起業の収入も徐々に増え、月に20〜30万円ほど稼げるようになってきた頃、私は独立を考えはじめました。

しかし月20〜30万円とはいえ、そのとき会社からもらっていた給料からすると半分以下です。

「もし、独立してうまくいかなかったらどうなるんだろう？」

会社を辞めるということは、想像以上に勇気のいることでした。

辞意を伝えるため、上司にアポイントを取ろうとするのですが、そのメールを送る決心がなかなかつきません。

なんとか恐怖を振り払い、上司へのメールの送信ボタンを押すとき、その指が震えていたことを今でもはっきりと覚えています。

その1カ月後、私は会社員という身分から解放されました。大企業なので、社員がひとりいなくなったところで何の支障もありません。引継ぎは気が抜けるほどあっさりとしたものでした。

出社最終日、私は入社以来初めて、定時の夕方5時に退社しました。まだ空は明るく、自由になった私を祝福してくれているようでした。

なんだか、じーんとしてしまい、私はそのまま近くの居酒屋に飛び込みました。晴れ晴れとした気分が半分、もう後には引けないという不安が半分。そんな複雑な気持ちをビールで流し込みました。

ホームレスへの危機

そうして「お金の専門家」という、たったひとりのビジネスが始まりました。

土日の2日間だけ活動して、月に20万円稼げていたのですから、「週7日働けば、月70万円は稼げるだろう」という考えは、ほんの数カ月で無残に砕け散ることになります。

移動費や打ち合わせ費、セミナーや異業種交流会などの参加費など、経費が一気にかさみ、すぐさま貯金を取り崩すはめに陥ったのです。

貯金が増えるのはうれしいものですが、貯金がどんどん減っていく恐怖というものは、初めて経験するだけにたまらないものがありました。

悪いことは重なるもので、ギリシャの金融破綻が始まり、それまで順調だった投資が軒並みダウンしました。

あれほど好調だったブラジルの投資信託まで下がりつづける一方。独立後の数カ月で、数百万円がまたたく間に消えてしまいました。

「このままじゃ、あっという間に貯金もなくなる。ビジネスどころか家賃も払えなくなる……」

大げさではなく、ホームレスになってしまうのではないかという恐怖で、夜も眠れない日が続きました。

そんなとき、頭に浮かんできたのはやはり「お金持ちになるためにはお金について学ばなければならない」という言葉です。

私はなけなしの貯金をはたいても、セミナーなどへ足を運びました。自分がなぜ失敗したのか、自分に足りないものは何か、それらを知らなければと思ったのです。「参加費を返せ」といいたくなるようなセミナーや会合もありましたが、「これまで勉強してきたことはなんだったんだろう」と思うような素晴らしい教えに出会うこともありました。

当時の私にとってはまさに「地獄に仏」。

そんな、お金についての良質な教えをコツコツと積み重ねていった結果、少しずつですがビジネスも資産運用もうまく行きはじめました。

そしてホームレスになる恐怖と戦った日から2年。昔からの夢だった海外生活をかなえることができたのです。

妻とともに金融先進国であるシンガポールに移住し、子供も授かりました。午前中は仕事をし、午後はのんびりと家族との時間を過ごす毎日です。

もし、「お金に働かせる」という生き方を知らず、あのまま会社員を続けていたら、私も先輩と同じように子供が起きている姿を見ることができなかったでしょう。

しかし、お金について学び、正しい知識を得たことで、毎日のように子供といっしょに遊び、たくさんの笑顔や初めて立ち上がったり、歩きだしたりする瞬間に立ち会うことができています。

お金に働かせる

私はお金について学び、実践していくことで、お金や時間や場所に縛られないライフスタイルを手に入れることができました。

「お金や時間や場所に縛られないライフスタイル」とは、使いたいことに使いたいだけお金を使え、「9時から17時までは仕事」などと第三者に強制されることなく、自分の自由に時間を使え、日本でなくても世界中どこでも好きなところで暮らすことができるライフスタイルです。

「いったいどれだけ、お金持ちになったのだろう？」と思われるでしょうか？

実は、お金に縛られない生活を手に入れるためには、大金持ちになる必要はないのです。

「本当に価値のあるものしか買わない」と決めると、物欲はほとんどなくなり、無駄づかいもしなくなります。お金について学べば、正しい使い方もできるようになるのです。

ある調査によると、年収700万円を超えたところで、人の幸せ度合いが頭打ちになるという結果がでました。

年収が300万円から700万円になると、生活レベルも格段に上がり、幸せ度合いも上がりますが、700万円から1000万円になったところで、1億円になったところで、それほど変化はないのだそうです。

ということは、**700万円の年収を達成すれば、十分幸せな人生が手に入る**ということ。さらには、その700万円を資産運用の収益だけで達成できるとすれば、どうでしょう？

ちょっと想像してみてください、働かなくても自分の資産からの収入が年間700万円になる生活です。

具体的には、資産が1億円あり、年間7％で運用できれば700万円の利益になります。

しっかり勉強するとわかってきますが、「年間7％」というのは中長期で見ればそれほど無茶な数字ではありません。

では、1億円はどうやってつくればいいのか？

それは、第4章で詳しくお伝えします。

この本を手に取り、実践したあなたに待っているのは、仕事をしなくても豊かな生活ができる人生です。

でも、仕事が好きなら続ければいいですし、もっとやりたい別のことを仕事にしてもいいと思います。

仕事を休んで、世界中の素晴らしい景色や世界遺産をめぐるのも楽しそうですね。

なんたって、そうやって遊んでいても、お金はきちんと入ってくるのですから、あなたの自由に過ごしていいのです。

ただ、その人生を手に入れるためには、お金について学び、正しく付き合わないといけません。

他人の目を意識して、見栄のために高級ブランド品や時計、車にお金を使っていては、いくら稼いでも足りません。

国が破産する、ということ

本章の最後に、私がお金について学んだ、もっとも大切なことのひとつをお伝えします。

それは、「国も破産する」ということです。

たとえば、２００７年には北海道夕張市が破産しました。同様に、国も破産することがあります。歴史上、破産した国を並べてみましょう。

１９２３年　ドイツ
１９４６年　（　）
１９９４年　ロシア
１９９７年　韓国
２００１年　アルゼンチン
２００４年　トルコ

２００９年　ジンバブエ
２０１３年　キプロス

このように、たくさんの国が破産しています。

国が破産するとどうなるか？　まず、預金封鎖が起きます。つまり、銀行から預金が引き出せなくなります。最近ではキプロスで預金が封鎖され、一定以上の預金は政府に没収されました。

さて、１９４６年が空欄になっていますが、どこの国が入ると思いますか？　答えは「日本」です。

日本は戦後の１９４６年に破産しています。

この事実はタブーとされ、学校でも習いません。ほとんどの日本人はこの歴史を知らないまま、大人になっているということです。

第２次世界大戦のため、日本は外国からも国民からも莫大な借金をしました。「国の威信にかけて、借りたものは返さなければならない」と考えた日本政府は、国民から新たに税金を徴収し、借金返済に充《あ》てることを考えました。

ただ、当時は現金商売がほとんどだったため、お金を銀行に預けず、家に置いている人がたくさんいました。

スムーズに税金を徴収するため、政府が考え出したのが「新円切替え、預金封鎖、財産税」という方法でした。

まず、お札を新しい円（新円）に切り替えることを決めました。そして、「今、使っているお金は2週間後に使えなくなるので、一度銀行に預けて、新円に両替しなさい」

と、国民にお触れを出したのです。驚いた国民は家に置いてある現金もすべて銀行に預けました。

こうして短期間で国民の持っていた現金を銀行に一気に集め、「預金封鎖」を発動したのです。

1946年2月16日、政府は「国民の預金を全面的に封鎖する」と発表しました。国民は、預けた自分のお金をごくわずかしか引き出せなくなってしまったのです。

政府は続いて「財産税」を導入しました。現金や土地を含めた財産に税金をかけたのです。

その税率は、いったい何％だったと思いますか？

なんと、最高税率90％でした。

もはや略奪です。土地にも税金がかけられたため、現金がない人は土地も取り上げられました。

実は、私自身もこの預金封鎖の被害者のひとりです。

私の祖母は京都の資産家の娘で、１９４６年当時、小学6年生でした。戦争を経験したとはいえ、何不自由なく暮らしていたのが、この預金封鎖のせいで現金も土地もほとんど政府に没収されてしまったといいます。

わずかに残った現金も、戦後のどさくさで、米の値段が2倍、3倍、5倍、10倍と跳ね上がっていったため、あっという間に生活が苦しくなっていったといいます。

もし、この預金封鎖がなければ、今も京都には広い屋敷があり、私もそこで優雅にお茶を飲んで暮らせていたかもしれません。それが、この預金封鎖のおかげで私の人生まですっかり狂わされてしまったわけです。

というのは半分冗談ですが、実際、私の祖母は大変貧しい思いをしたそうです。

もしかしたら、あなたのご両親やおじいさんおばあさんは、このことを覚えているかもしれません。私の祖母と同じような経験をしているかもしれません。ぜひ、一度聞いてみてください。

悲劇は繰り返される?

１９４６年以前、１９２７年にも日本は一度、財政破綻しています。関東大震災からの復興という重大課題を抱える時代。近代金融システムが十分には発達しておらず、経済政策の未熟さから引き起こされた相次ぐ銀行の休業、一連の取り付け騒ぎは「昭和金融恐慌」と呼ばれています。

国民に二度の手痛い仕打ちを与えた日本ですが、すでに現在も国民から１０００兆円以上の莫大な借金をしています。

この先、「政府が預金封鎖や財産税を導入することは二度とない」と、果たして断言できるでしょうか?

万が一、そんなことが明日、あなたの身の上に降りかかってきたら?

これまでがんばって働いて、老後のためにコツコツ貯めてきたお金が急に引き出せなくなり、政府に没収されたとしたら？

もちろん、そんなことが起こらないに越したことはありませんし、起きないことを願います。

でも、医療費などがかさみ、国の借金が毎年増えつづけているのはまぎれもない事実なのです。

最悪なシナリオかもしれませんが、近い将来、日本が財政破綻し、預金封鎖に財産税が発動されるかもしれないとして、あなたの財産を守るためにどんな対策を立てておけばいいでしょうか？

過去に財政破綻した海外の事例

たとえば、財産を金の延べ棒に変えたとしたら、どこに置いておきますか？　自宅でしょうか？　一般的には、安全な銀行の貸し金庫に預けるでしょう。

しかし、ロシアが財政破綻したとき、銀行の貸し金庫の中身まで、すべて没収されました。

では、外貨預金にするのはどうでしょう?

アルゼンチンの通貨はペソですが、賢い人は財政破綻の前にドルに両替していました。ドル預金です。

でも財政破綻したとき、ドル預金もすべて封鎖され、すべてペソに替えられました。その結果起きたすさまじいインフレで、ペソの価値は一気に下落。紙くず同様になっていきました。

では、株はどうでしょう?

財政破綻した国共通で、預金封鎖をする場合は銀行だけでなく、証券口座の資金も封鎖されます。つまり、没収の対象です。

不動産は私の祖母の例でわかるように、現金がなければ不動産を売るしかありません。そんなときには安く買い叩かれるのが世の常です。どんなに不動産をもっていても、対策にならないでしょう。

では、どうすればいいのでしょうか？

賢い人はすでにやっています。「海外に資産を分散する」ということです。

ロシアが財政破綻したとき、一部の賢い人は事前に海外にお金を移していました。

ロシアの通貨ルーブルは大きく下がりましたが、海外のドルの価値は変わりません。

海外のドルでルーブルを買い戻したり、株や不動産を買ったりして自分の財産を守ることができました。

このような方法で一気にお金持ちになった人々を「ニューリッチ」と呼びます。

私たちもロシアの賢い人を見習って、事前に海外に資産を分散しておくことで、いざというときに一気にお金持ちになれるかもしれません。

「賢者は歴史に学び、愚者は経験に学ぶ」といいます。

いざ自分が大変な目にあってから学ぶのは愚か者で、すでに歴史が証明してくれているならそれを活かすのが賢い道です。

いきなり実践するのは難しいと感じられるかもしれませんが、大丈夫。ここから私といっしょに学んでいきましょう。

第1章まとめ

◎お金に働かせて、時間を手に入れる

◎資産を海外にも分散し、預金封鎖から守る

◎賢者は歴史に学び、愚者は経験に学ぶ

第2章

自分のお金、
しっかり守れてますか？

『ドラゴン桜』が教えてくれたこと

この章もクイズから始めましょう。問題はこちらです。

「日本でしか売れていない保険商品は次のうちどれでしょう？」

①地震保険

②学資保険

③がん保険

Q

人は収入が増えると、その分、支出も多くなりがちです。本当に必要で価値のあるものならいいのですが、金銭的に余裕があるとその判断もついゆるくなりがちです。

また、そもそも払う必要がないにもかかわらず、その事実を知らないばかりに、無駄な出費を積み重ねてしまう。保険はまさにその代表格です。

金銭感覚がゆるい人の家計はまるで穴のあいたバケツ。どれだけ稼いだとしても、ジャブジャブと流れ出て行ってしまっているのです。

その状態から脱するために、まず知るべきは、お金に関する本当のこと。

第2章では、無駄な出費を見直し、あなたの大切なお金を守るためのヒントをお話ししたいと思います。クイズの答えも、このなかでお話ししますので、ひとまず読み進めてくださいね。

早速、本題に入りたいところですが、その前に、人気漫画『ドラゴン桜』のワンシーンを紹介させてください。

主人公の破天荒な教師とともに、偏差値30そこそこの不良学生が東大合格を目指すというストーリー。阿部寛さん主演で２００５年にドラマ化もされたので、ご存じの方も多いかもしれませんね。

随所で語られる受験勉強のノウハウは漫画の概念を超え、今も幅広く支持されています。


けれども、この作品の真のテーマは「日本という国のシステム」。

それがもっとも色濃くあらわれているのが、勉強を嫌がる生徒たちに、主人公の教師が喝を入れるシーンです。そのセリフを引用しましょう。


「社会にはルールがある。そのなかで生きていかなければならない。だがな、そのルールは頭のいいやつに都合のいいように作られている。

たとえば税金。年金、保険、医療制度、給与システム。

みんな、頭のいいやつが、わざとわかりにくくして、ろくに調べもしない頭の悪いやつから多く取ろうという仕組みにしている。

だがな、頭のいいやつはそのルールをうまく利用する。

つまり、お前らみたいに、頭使わずに面倒くさがっているやつらは、一生だまされて高い金を払わされつづける！

賢いやつは、だまされずに得して勝つ。バカはだまされて、損して、負けつづける。これが今の世の中の仕組みだ！」

本当に、そのとおりだと思います。私も会社員をしていた頃は「税金と保険でこんなに引かれてしまうんだ……」と、給与明細の天引き後の金額に毎月がっかりしながらも、深く考えることはしませんでした。

なぜなら、「天引き」というシステムがなければ、自分で確定申告をしなければなりません。

「仕事で手一杯なのに、そんなのは面倒くさい。会社任せにできるなら、それでいい」

そう思っていた私は、まさしく「頭を使わずに面倒くさがって」いたのです。

「頭のいいやつ」の立場からすれば、庶民は無知なほうがいい。思惑どおりに「徴収したいお金」を払ってもらうためには、下手に知恵をつけられては困るのです。

そう考えると「天引き」や「引き落とし」は実に巧妙なシステム。先にお金を徴収してしまうことで、ほとんどの人は、支払い後の残高にしか目がいかなくなります。つまりは「徴収されているお金」についての意識が低くなってしまうのです。

しかし、私が今住んでいるシンガポールでは、誰もが「何にいくらお金がかかっているか」を強く意識しています。

税金も天引きではなく、自分で所得を計算して納めるのが普通ですから「削れる無駄はないか？」「取り戻せるお金はないか？」と、厳しくチェックする姿勢が身についています。

私たち日本人も、ぜひこの姿勢を見習いたいものです。

月々の「天引き」「引き落とし」を何も疑わずにいるのと、無駄なお金が出ないよう厳しくチェックするのでは、1年間でも数十万円〜数百万円、退職するまでの長いスパンで考えれば数千万円以上の差が出てきます。

ですから、今ここが、賢くお金を守れるかどうかの分かれ道。この機会にしっかり無駄を見直して、お金が貯まりやすいシステムを築いていきましょう。

民間の医療保険は必要？

社会人になれば「当然のこと」として、加入をすすめられることが多い民間の医療保険。「入院日額5000円」「手術をすれば10万円」などの保障がつくのは心強い気がしますが、実はわざわざ入る必要はないものです。

なぜかというと、国がおこなっている**「国民健康保険」が十分に手厚い**からです。

たとえば、大きな怪我や病気で手術をして、200万円かかったとしましょう。民間の保険に入っていなかった場合、実際に払う金額はいくらになると思いますか？「3割負担だから60万円」……と思いきや、たったの9万円なのです。

というのも、国民健康保険には、自己負担の限度額を超えた差額が返ってくる「高額療養費制度」があるからです。

お金が返ってくるまでには3カ月以上の期間がかかりますが、高額療養費の支給見込額の8割相当を無利子で貸してくれる「高額医療費貸付制度」も用意されているので、お金の心配はほとんどいりません。

国の保険がここまで手厚いのは、世界的に見ても非常にめずらしいことです。シンガポールやアメリカでは、盲腸の手術と入院だけで100万円はかかってしまいます。

問題は、こんなに親切な制度が、一般にはあまり知られていないこと。

だからこそ「民間の保険で医療費をカバーしなくては」と考える人が多いのですが、海外からは「国の保険で十分なのに、何でそんなに無駄なことをするの?」と不思議に思われているのです。

がん保険はもっと要らない

ゴールデンタイムにテレビをつけると、がん保険のCMの多さに驚きます。日本では、がんは2人にひとりがかかる病気。さらに3人にひとりはがんで亡くなる……そんなデータをCMで提示されると、私だって「他人事ではない」と強く思います。

ですが、今私が住んでいるシンガポールには、がん保険は存在しません。欧米諸国にも基本的にありません。なぜか?

売れないからです。その代わりにポピュラーなのは、生命保険や火災保険、地震保険などです。ということで、冒頭のクイズの正解は、「③がん保険」。

というのも、保険とは本来「万が一起きたら、金銭的に大きなダメージを受けること」

に対して、少しずつお金を出して助けあうもの。つまり、主人が若くして亡くなる、火事や地震で家を失うといった「万が一」のリスクに備えるのが「正しい保険のかけ方」だからです。

これに対して、がん保険とは「万が一」ではなく「誰にでも起こる普通の病気」。ということは、そもそも保険の対象としては見当違いなのです。

もちろん、このようなデータは、保険会社が一番よくわかっています。そのうえで、莫大なお金をかけてどんどんＣＭを流しているのは、なぜでしょう？

ズバリ、**「がん保険は儲かるから」**。

具体的に、イメージしてみましょう。

あなたが毎月支払う掛け金から、ＣＭ制作や放映に関する、莫大な広告費、営業マンへの報酬を差し引きます。さらに、実際に「がん」と診断された方に支払う保険金を差し引きます。その残りが保険会社の利益です。

それでも十分、保険会社が儲かっているということは……？

そう、「保険会社が支払う保険金がそれほど大きくない」ということです。

がん保険に入っているという人は、もう一度、契約書をよく読んでみてください。

がん宣告をされるだけでは支払いの対象にならず、「細胞を摘出して認められないといけない」「表面的な箇所にできた『上皮内がん』は、治療をすれば転移や再発の可能性はほとんどないため適用外とする」「入院費用は払うけど、手術代は払いません」……などなど、細かい条件が小さな文字で書かれているはずです。

そこから見えてくるのは「保険金はできるだけ支払いたくない」という保険会社の本音。それでもあなたは、がん保険に入りたいですか？

生命保険は「貯蓄型」？　それとも「掛け捨て」？

ここまでお話ししたように、私は国民健康保険があれば、医療保険やがん保険は必要ないと考えています。ですが、生命保険に関しては別。こちらは入っておいたほうがいいでしょう。

というのは「万が一のリスクに備える」という、保険本来の意味にかなっているから。

一家の大黒柱が若くして亡くなると、残された家族はやはり金銭的に苦労します。当面の生活費だけでなく、子供の学費など「長いスパンでかかる多額のお金」も必要となるため、もしものときに備え、保険に入ってカバーしておくのは必要経費だと思います。

ただし、生命保険なら何でもいいというわけではありません。

生命保険には、大きく分けて「貯蓄型」と「掛け捨て」の2種類があり、どちらを選ぶかで、あなたのお金の貯まり方には大きな差が出てきます。

まずは、双方の特徴をくらべてみましょう。

●貯蓄型（「終身保険」ともいわれる）

・解約しなければ、一生涯保障が続く
・長期間預けておけば、解約時に銀行より多少いい利回りでお金が戻ってくる
・掛け金は数万円と高め（※年齢や保障額による）

●掛け捨て（「定期保険」ともいわれる）

・一定期間だけ保障する

・掛け捨てなので、解約してもお金は戻らない
・その分、掛け金が数千円と安い（※年齢や保障額による）

こうして特徴をあげると、多くの人が「掛け捨てはもったいない」「月々の掛け金は高くても、貯蓄型なら老後資金の足しにできる」と考えるようです。

しかし、事はそう単純ではないのです。

お金の価値は下がるもの

たとえばあなたが「1500万円の保障がつく貯蓄型の生命保険」に入ったとします。掛け金は毎月3万3000円、加入期間は30歳から60歳までの30年間です。支払う掛金は30年間で1000万円となりますが、満期に解約すると1150万円が戻ってきます。

この場合、30年で15％の金利がついたことになりますね。

さらに1年あたりに直すと、15％÷30年＝年利0・5％となります。

たしかに銀行の金利よりはいいのですが、額面どおりに受け取るのは危険です。

そのわけは「お金の価値」とは変動するものだから。

1年や2年ならまだしも、30年も先となったら、今からは想像もつかない変化が起きても不思議ではありません。

30年前なら、100円持っていれば「ジュースやお菓子を買う」「電車やバスに乗る」など、いろいろな選択肢がありました。ですが、今では100円で買えるもの、できることはほとんどありません。

同じ100円でも、買えるもの、できることが減っている……これはつまり、お金の価値が下がり、物の値段が上がる「インフレ」が起きているということです。

アベノミクスで円を大量に刷った影響で、円安と物価上昇は今後さらに加速すると見られています。

ですから、30年後に戻ってくる「1150万円」は、現在の「1000万円」よりも価値が低い。すなわち、**戻ってくるお金は「金額としては上がっているが、価値としては下がっている」**ということも十分考えられるわけです。

「早期解約」は見落としやすいリスク

また、貯蓄型の生命保険は「15年以上」などの長期契約となる点にも注意が必要です。

これほど長い期間が必要なわけは、保険会社はその期間を利用して、お客さんから預かった掛け金を運用しているからです。

もちろん、満期まで加入できれば問題ないのですが、実は「月々の掛け金が高くて払えない」「まとまったお金が必要になったから解約したい」という人がたくさんいます。

そして、早期に解約する場合は戻ってくるお金は支払った額よりも間違いなく少なくなってしまうのです。

貯蓄型保険に入っていれば、保険会社に預けているお金を担保にお金を借りることができます。「お金に困ったときも、解約しなくて済みますよ」というのが保険会社の甘いセールストーク。けれども、お金を借りられたとして、その分の金利は当然支払わなくてはなりません。

つまり、貯蓄型の生命保険には「長期間お金が使いにくい状態になるリスク」（流動性リスクといいます）もあるということをおぼえておいてください。

これほど世の中の動きが激しい時代ですから、お金の価値がどう変わるか、あなたや大切な家族の人生に何が起こるかは誰も予測できません。

そんなリスクを取るよりも「いつでも使えるお金」を手元に残しておくほうが、今の時代には合っていると私は考えています。

保険は「掛け捨て」が王道

繰り返しになりますが、保険とは「万が一のリスクに備える」ためのもの。

「若くして亡くなるリスク」のある20代や30代ならまだしも、定年間近で子供も自立する年代となれば、大きな死亡保障は必要ありません。お葬式だって、盛大にしなければ、数十万円でできます。

そう考えると「何千万円もの保障が一生続く」といわれても、ありがたみを感じません。

むしろ必要なのは、自分が亡くなったときのお金より、長生きするためのお金ではないでしょうか。

「各年代の人が、平均何歳まで生きられるか」という統計「平均余命」によると、現在の60歳は「男性83歳、女性88歳まで生きられる」とされています。

それだけ長い老後生活が待っているのですから、過剰な保障に毎月高い掛け金を払うのはもったいない。

よって、**「保険は掛け捨て」を選ぶこと。これが保険選びの王道**といえます。

とりわけ、「掛け捨ての生命保険」のなかでも、合理的でおすすめなのが「収入保障保険」です。

この保険の特徴は、世帯主が亡くなっても、まるでお給料のように毎月一定額を受け取れること。死亡保障を一括ではなく分割にするため、まとまったお金を受け取りたい人には不向きですが「死亡リスクにのみ備える」と割り切る場合には最適といえます。

なぜなら、収入保障保険は月々の掛け金が安いから。月々数千円で加入することができるうえ、保障期間は始めに定めますが、たとえば世帯主が60歳になるまで続きます。

もちろん、世帯主が58歳で亡くなれば2年間しか受け取れません。しかし、世帯主が若くして亡くなれば、数十年にわたってお金を受け取ることが可能なのです。

そもそも世帯主の死亡リスクとは、年齢が若いほど大きいもの。「貯金も少なく、まだ小さな子供がいる」といった不安に備える保険だと考えてください。

日本人は「保険貧乏」とよくいわれます。

会社やアルバイト先に保険会社の営業がやってきて「みんな入っているし」と加入を決め、契約した保障の内容もよくわからないまま保険料を支払いつづける。そして結婚、出産などを機に、より手厚い保障の保険をすすめられて、

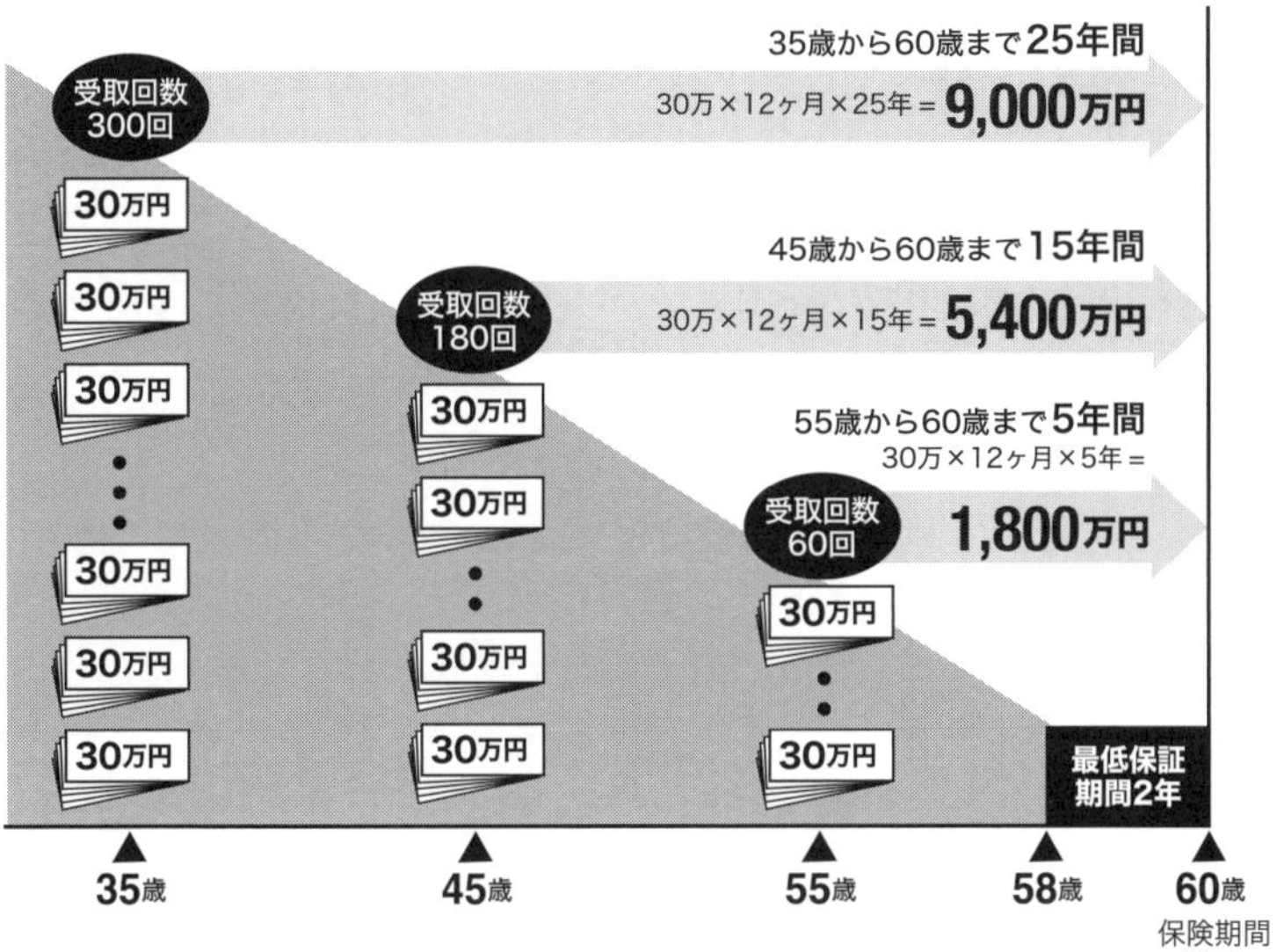

また何となく変えてみる。そうしていつの間にか、月々の保険料が膨らんでいくという図式です。

お話ししたとおり、がんや病気に対する備えは、国の健康保険のみで十分。世帯主が亡くなるリスクだって、収入保障保険だけでカバーできます。

現在、保険に月々2万円も3万円もかけているという人は、この見直しだけでも年間数十万円を浮かせることができるはず。

その浮いたお金こそ、貯金や運用で「長生きするためのお金」にまわしましょう。

クレジットカードは無駄づかいの元凶

おそらく、誰でも1枚は持っているクレジットカード。1枚どころか、2枚、3枚、それ以上持っている人もめずらしくはありませんね。

たしかに、いまやクレジットカードは私たちの生活の必須ツール。手元に現金がなくても買い物ができ、高額なものも分割払いにすることができます。マイルやポイントが貯まり、明細も確認できるので「現金より得」「お金の管理がしやすい」と考える人も多いようです。

ですが私は、クレジットカードこそ「無駄づかいの元凶」だと考えています。

なぜなら、カードでの買い物は、確実に財布の紐がゆるむからです。

以前、海外で「現金だけで生活する人」「クレジットカード中心の人」では、「どちらが無駄なお金を使っているのか？」という実験をしたそうです。

その結果、カード中心で買い物をする人は、現金だけの人よりも平均6％も支出が多かったのです。

「マイルやポイントが還元されるから、カードのほうがお得」と考えているあなた。ちょっと考えてみてください。

マイルやポイントで還元されるお金とは、せいぜい1～2％程度、対してカードを使うと6％の支出増。つまり、**カードでの買い物は「4～5％の無駄づかい」**につながるといえるのです。

それを繰り返せば、お金が貯まらないのも当たり前ですよね。

それでも多くの人が「カード決済のほうが得」と思い込むのは、カード会社が繰り広げるポイント戦略に踊らされているからです。

分割払いやキャッシング、月々の支払いを一定額にするリボ払いなどの機能についても、ものすごく手数料が高いのに、CMを見ると「便利そう」という気になります。

しかし、それはカード会社が仕組んだワナ。「手元にお金がなければ買わない」という、当たり前の自制心をマヒさせて、カード会社はどんどん儲けているのです。

一生分の無駄づかいを抑える「キーワード作戦」

無駄づかいを防ぐには「クレジットカードを持ち歩かない」ことが一番の対策です。

「欲しいものに出会っても買えないなんて……」と、不満に思いますか?

本当に欲しいもの、必要なものなら、お金を用意して、後日でも買いに行くはずです。

「わざわざ買いに行くのは面倒くさい」と思ってしまう時点で、それは本当に欲しいものではないということ。

たいていの物欲はひと晩寝れば消えてしまいます。翌日になっても「やっぱり欲しい」

と思えたものだけ、現金を用意して買いに行けばいいのです。

加えて、私はお金の先生に教わった、あるアイデアを実行しています。

それは、クレジットカードと同じ大きさに切った厚紙を用意し、財布のカード用スペースからハミ出る1センチぐらいの余白の部分に「衝動買いをクールダウンさせるキーワード」を書いておく、というもの。

「本当に必要？」「似たものを持っていない？」など、そのキーワードは自由でいいのですが、私のキーワードは「30日以上待ったか？」です。

言葉のとおり、「欲しい！」と思ってから、30日間は本当に欲しいものか、必要なものか、吟味する時間を自分に設けているのです。

欲しいものがあるときは、財布を開くたび、このキーワードが目につき、ドキッとします。

けれども、いつの間にか「何が欲しかったんだっけ？」と忘れてしまうこともあり、結果的に衝動買いをすることがほとんどなくなりました。

この「キーワード作戦」、だまされたと思って、1カ月試してみてください。驚くほどの効果を感じていただけるはずです。

「それでも、やっぱりカードを使ってしまいそう……」という人には、ちょっと荒っぽい方法ですが、お金の先生に教わったアイデアを、もうひとつ紹介しましょう。

350ミリリットルのペットボトルの上部を切り、そこに水とクレジットカードを入れて、冷凍庫へ！

そう、クレジットカードを氷漬けにしてしまうのです。

そうすると、カードを使いたくて冷凍庫から出したとしても、氷が溶けるまで数時間かかってしまいます。不思議なことに、この間にほとんどの物欲は消えてしまうのです。

これを実践して、毎月数十万円も貯金ができるようになった人もたくさんいますので、「無駄づかいをやめたい」という人はぜひ試してみてください。

ネットショッピング防止法

なるべく現金で買い物をするのが、無駄づかいを抑えるコツ。とはいえ、インターネットでの買い物では、カード決済が便利です。

私が「無駄づかいの元凶」とまでしているクレジットカードを「作るな」ではなく、「持ち歩くな」としているのは、海外に出かけた際やネットショッピングでの利便性を考えてのこと。クレジットカードが現代社会において「なくてはならないもの」になっているのは事実です。

しかし、ネットショッピングには、とんでもないおそろしさが潜んでいます。

それは「買い物にかかるストレス」が限りなくゼロになるということ。

お店へ足を運ぶ、店員さんとやり取りをする……といった労力がかからない分、いっそう財布の紐がゆるみやすくなります。

そこで提案したいのが、あえて「買い物ストレス」をつくること。ワンクリックで買い物が完結しないよう、カード情報を登録せずにおくのです。

買い物をするたびに、氏名、住所、電話番号などを入力しなければならず、その間に上手にクールダウンできます。

「入力するのは面倒だなぁ」と思ったら、そこまで欲しくないというサイン。

ここまでで十分伝わったと思いますが、**無駄づかいをなくすには「欲しい」という感**

情と「買う」という行動の間に、どれだけ時間をつくれるか、がカギになります。

時間があればあるほど、クールダウン。無駄づかいから遠い生活が送れるようになるのです。

「クレジットカード＝借金」という意識

「どうしてもクレジットカードを持ち歩きたい」という人は、デビットカードに切り替えるのも手です。

デビットカードとは、即時決済されるカードのこと。買い物の代金が銀行口座からすぐに引き落とされるので、銀行に残高がないと使えません。リボ払いやキャッシングなど、無駄づかいや借金のもととなる機能もなく、現金に近い感覚で買い物できるメリットがあります。

まだまだクレジットカードほどは普及していませんが、三菱東京ＵＦＪ銀行、三井住友銀行、スルガ銀行などで取り扱っている「ＶＩＳＡデビットカード」なら世界中で使うことができるので便利です。

このように、カード払いを見直すと、お金に対する考えがシビアになります。財布に入っている金額や、そこから何にいくら使うかをつねに意識するようになるんですね。

このぐらいシビアであることが、正常な金銭感覚。

というのも、**クレジットカードでの買い物とは、結局のところ「借金」**だからです。決済されるまでの期間は、お金を借りているのと同じこと。それなのに「まぁいいか」程度の意識しかもてないなんて、本当におそろしいことです。

唯一、カードを使っても問題ないものは月々の固定費です。たとえば家賃、水道光熱費、携帯電話の料金など、毎月必ず払う固定費を月々一括で払う分には問題ないでしょう。

その手続きが面倒ですか？　けれども、カードのポイントを稼ぐなら、こうした固定費がもっとも有効です。

さきほど「マイルやポイントで還元されるお金とは、せいぜい1％程度」とお話ししましたが、月々の固定費は、家賃なども含めれば10万円前後になりますよね。

そのうち1％が毎月還元されるのですから、見過ごすのはもったいない。

また、固定費をカード払いにするついでに、余分なクレジットカードの解約もしてしまいましょう。年会費が浮くだけでなく、財布もすっきり。「本当に必要なもの」「好きなもの」だけにお金を使うことで、買い物自体の満足度も高くなることでしょう。

無駄づかいは病気、借金はがん

クレジットカードでの買い物と同じく、ローンも立派な「借金」です。

住宅だけは、さすがに現金で買うのは難しいので例外としますが、それ以外のローンを抱えている人は、貯金や運用を考えるよりも、まず「全額返すこと」が先決です。

私のお金の先生は「無駄づかいは病気、借金はがん」といっていました。

「無駄づかいは病気」とは、放置すればひどくなる一方ということ。ですから、先にお話ししたような「クレジットカードを持ち歩かない」「カード情報はあえて登録しない」

などの治療が必要となるわけです。

そして「借金はがん」というのは、がん細胞がどんどん増殖するように、借金も時間とともに金利が膨らみつづけるものだからです。

けれども、がんと違って、借金は自分の意志で防ぐことができます。

ですから、もしもローンの残額を払えるだけの貯金があるなら、思い切って返してしまうのが一番です。

今、お金が足りない人も、本章を参考に無駄なお金をカットすれば、数万円～数十万円浮かせることが可能です。これを機に実践して、借金を返してしまいましょう。

私は、大学入学～大学院卒業までの奨学金と、親に借りた学費の総額、約５００万円が人生最大の借金でした。ありがたいことに無金利でしたが、返済の請求書が届くたびに、少し気持ちが暗くなるのを感じていました。

全額返し終わったのは、社会人2年目の頃。

そのときに味わった、言葉にならないほどの爽快感は今も忘れることができません。

クレジットカードを持ち歩かず、現金で買い物をするようになったのもこの頃で、以来私には借金は一切ありません。

このときに強く感じたのが、**「借金とは、人にとって大きなストレスになる」**ということ。

ローンを組むこと自体は気軽にできても、お金を返し終わるまでの間ずっと「お金を借りている」という不安や焦りはついてまわるものです。

「いや、別に平気だよ」という人も心の奥底には、がん細胞のようなストレスがひそかに巣食っていると考えて間違いありません。

そのストレスと、ローンで手に入れたものの価値をくらべてみてください。実はストレスのほうが大きいのではないでしょうか？　そこまでして手に入れたいものが本当にありますか？

人によっては「ローンを利用するほうが賢い」という人もいるでしょう。

しかし、私の勤めていた会社は、一部上場企業で非常に儲かっている会社でありながら無借金経営をしていました。

借金ゼロでも、お金持ちになれるのです。

借金を返して貯金がなくなってしまっても、それは一時的なこと。借金ゼロになれば、それまで月々返済していたお金が貯まっていきますから、心配はいりません。

大きい買い物も現金払い

住宅以外の大きな買い物といえば、車でしょうか。

都会であれば、バスやタクシー、電車などで十分。近頃はショッピングセンターの配送サービスも充実していますから、重たい荷物を運ぶにも困りません。

ただし車は、地方に住む人にとっては大切な生活の足。公共の交通機関が少ないところなど「ひとり1台必要」というケースもめずらしくはありませんが、それでもお金を貯めて現金で買いましょう。

現金で買える車だと、種類が限られてしまうのが嫌ですか?

もちろん、かっこいい高級車に憧れる気持ちもわかります。最近は若い層の車離れを懸念して、月々数千円から自動車ローンも組めるなど、自動車会社もローンの敷居を低く設定しています。

しかし、思い出してください。「借金はがん」です。

高級車のローンの頭金で買えるくらいの、中古の軽自動車を現金一括で買いましょう。

また、新車にこだわる人も多くいますが、賢いお金持ちの間では**「3年落ちの中古車」がもっともコストパフォーマンスがいい**といわれています。

というのも、車の価値とは、買った瞬間をピークに下がっていくものだから。たとえ一度も乗っていない新型車でも事情は同じで、一度誰かに所有されれば査定は大きく下がります。

ですから、新車へのこだわりは、無駄づかいそのもの。中身は変わらないのですから、安く買えるに越したことはありません。潔《いさぎよ》く割り切って、賢くお金を守ってくださいね。

「持ち家」「賃貸」、どちらが無駄づかい？

例外的に借りてもいいお金、それが住宅ローンです。

しかし、私としては、持ち家よりも賃貸のほうがメリットが多いのではないかと思っています。

なぜなら、持ち家の場合は、自分で管理をしないといけません。マンションなら修繕積立費や共益費を毎月払うことになりますし、一戸建ても年月とともにメンテナンスが必要となります。クロスの張り替えや水回りのリフォーム、外壁の塗り直しや補修など、それぞれ数万円から数十万円にのぼる出費です。シニア世代ともなると、バリアフリー対策など、さらに大きな工事の必要も出てきます。

ローンを返済しながら、建物の管理にもお金をかけるなんて、無駄が多いような気がしませんか？

さらには、そうしたお金をかけたところで、家の価値は年月とともに下がるもの。土地によほどの価値がないかぎり、購入時の価格より高く売れることはありません。「持ち家は資産になる」との考えも根強いですが、実は**持ち家は「負の資産」となることのほうが多い**のです。

対して、賃貸住宅は建物の管理を気にしなくても大丈夫。家賃さえ払っていれば、管理会社や大家さんが快適な状態を保ってくれます。

気軽に引っ越せるのも大きなポイント。

持ち家の場合、「目の前にビルが建って日当りが悪くなった」「壁の薄さが気になる」「違う街に住んでみたくなった」などといった理由で引っ越すのはなかなか厳しいものがありますが、賃貸住宅ならひょいと引っ越しできてしまいます。

「賃貸は家賃を払いつづけても自分のものにならないでしょう？」

これもまた持ち家派の根強い意見です。が、実は損得で考えることがナンセンス。というのも、先に述べた「持ち家」の無駄な出費を含めれば、「持ち家」「賃貸」どちらも出費はほとんど変わらないからです。

それでは、住まい選びは何を基準にすればいいのでしょう？

私は「ライフスタイル」「価値観」をキーワードにするのがいいと思います。

慣れ親しんだ土地や、好きな場所。住めば時間に余裕が生まれたり、楽しいことが起こりそう……そんなワクワクする気持ちをもてるかどうか。

それに加えて「やっぱり自分の家を買いたい」と思うのなら、損の少ない物件を上手に選び抜くに限ります。

つまりは**「ちゃんと売れるのか、貸せるのか」**。

地方には「成人したら家を建てるのが当たり前」というところもあるそうですが、当たり前だから……のその前に「ちゃんと売れるのか、貸せるのか」を考えるべき。負の資産となるリスクのほうが高いなら、違う選択も視野に入れてほしいのです。

どうしても家を買いたいなら

それでも、どうしても家を買いたい場合、「新築では買わないこと」を肝に銘じてほしいと思います。

というのも、新築の価格には、新聞や雑誌のチラシ、テレビCM、モデルルームの建築費用など「膨大な広告費」が含まれているから。

その広告費は物件によって差がありますが、同じエリアの物件で「新築」「中古」両方の相場の差額の平均をイメージするといいでしょう。

その差額は、少なくとも数百万円以上になります。「新築」「未入居」どちらも魅力的な要素ではありますが、物件の価値からすると割高で売られていることになります。もちろん、そこにお金以上の価値を感じているなら新築でもかまいません。

ただ、お金を賢く使いたいなら純粋に物件のみの価格で買える中古物件を選びましょう。

中古でも「交通が便利な場所」で「使いやすい間取り」なら、将来的に売ったり貸したりすることも検討できます。

ちなみに「新築物件」として売れるのは、建ててから1年未満であることが条件です。一方、建ててから2年以内は「中古物件」と表示しなくてもよい決まりがありますので、築1年~2年の間は、新築・中古どちらでもない、いわゆる「新古物件」。

新築時よりもぐんと抑えた価格で買えるうえ、建物もきれいなままですので、こうした物件に絞って検討するのもよいでしょう。

また、最近は「投資用マンション」に興味をもつ人も増えています。

「ローンの返済はあるけれど、入居者からの家賃収入で結局はプラスになりますよ」「面倒な手続きも、業者が仲介するから心配ないですよ」という勧誘も後を絶たず、「それならやってみようかな？」と思ってしまうかもしれません。

ただし、ここにも数々のワナが張りめぐらされているので要注意。詳しくは、このあとの第3章でお話ししますね。

副業で税金を取り戻す

続いては、いよいよ税金の無駄についてのお話です。

あなたが会社員なら、所得税や住民税がお給料から天引きされていますよね。私も会社員の頃は、給与明細を見るたびに「税金高すぎでしょ……」と、やるせない気持ちになっていました。

ところが、お金の勉強を始めると「税金を合法的に取り返す」ことができるとわかったのです。生命保険や医療費の控除、年末調整されるお金など、細かい節税方法はビジネス誌などでも見かけますが、せいぜい年間数万円です。

実は、もっと劇的に節税できる方法があります。それが、**給料と個人事業の赤字を合**

算できるという「損益通算」。

たとえば、年間５００万円のお給料をもらっている会社員が、個人事業で１００万円の赤字を出したとしましょう。

これを合算することで、所得が４００万円とみなされるのです。

そうすると、その年に納めた所得税は「払いすぎ」ということで戻ってきて、翌年の住民税も安くなるのです。

わかりづらいでしょうか？　もう少し詳しくお話ししますね。

まず、個人事業というのは、会社員をしながら副業をするということ。

個人事業の赤字については、事業の売上げに必要な支出は経費と認められます。たとえば、自宅の一室を仕事部屋とすれば、家賃の一部を経費にできます。

同じように、事業のために使った携帯代、車代、ガソリン代、打ち合わせの飲食代や接待費、パソコンや書籍の購入にかかったお金も経費にできます。

このように考えると、１年間でもかなりの額の経費を計上できるかと思います。

また、事業を始めてから１～２年の間は、売上げよりも経費がかかるのは普通です。

あのＡｍａｚｏｎでも、起業から何年もの間、利益を出さずに経営していたのは有名な話です。

しかし簡単に「副業」といっても、どんな事業がいいのか迷う人も多いと思います。「まとまった資金がないと難しそう」と、二の足を踏む人もいるでしょう。

ですが、今の時代は資金がなくてもできるビジネスがいくらでもあります。普段の仕事に支障が出にくい、リスクの低いおすすめの条件は、

・仕入れや在庫を抱える必要がない
・店舗や事務所がいらない

の2つです。

仕入れや在庫を抱える事業は、金額が小さいうちはいいのですが、規模が大きくなってくると、毎月の給料以上の仕入れが発生したり、在庫を抱えることになります。そうなると、思うように売れなくなった瞬間にアウトです。

また、店舗や事務所は必要ありません。はじめのうちは、自宅でできるビジネスがい

くらでもあります。打ち合わせが必要でも、カフェやホテルのラウンジを使えば十分です。税金対策のために始めた副業がいつの間にか、本業になるかもしれません。「そんなことはできないよ」と思う前に、一度真剣に考えてみるのも楽しいものですよ。

ただし、税金を安くするために、架空の事業をでっちあげてはいけません。

やってもいない事業を赤字で申告して節税するのは脱税です。あくまでもまじめに、継続的に事業をおこなうことが大切です。

「お金の悪い使い方」が治る魔法の呪文

保険、クレジットカード、ローン、そして税金。ここまでのお話で「無意識に払うお金がどれほど多かったか」を実感していただけたと思います。

しかしながら、先にあげた例は、あくまでも一般的なお話にすぎません。

それぞれの「お金の使い方」には、その人ならではのクセがあります。

そのなかには、いいクセもあれば、悪いクセもある。この「悪いクセ」を治すことこそ、お金を守るための究極の方法なのです。

ひとりひとりで違うクセを見つけて治す、なんて不可能のように思えますよね。

ですが、実はどんな人にも有効な、魔法のような呪文があるのです。それが、

「浪費？　消費？　それとも投資？」

というもの。

「浪費」とは、いわゆる無駄づかいのことです。

衝動買いを筆頭に、つい買ってしまうビニール傘、気乗りしないのに渋々出かける飲み会なども含まれます。

なかでもこわいのは「見栄」にお金を使うこと。見栄とはつまり「あの人がこんなものを持っていた、私も欲しい」というような、いわゆる「かっこつけ代」ですね。

「普段はセーブ、特別なタイミングで奮発する」ならメリハリがあってよいけれど、物の力を借りて自分をよく見せたい、話のタネにしたいと思いがちな人は要注意です。

嫌なことがあった日に、大きな買い物をしてしまう「ヤケ買い」も同様です。なぜなら見栄もヤケ買いも、「負の感情」を買い物で発散しようとする行為だから。

ですが「負の感情」に支配されているときは、正しいもの選びができません。

結局は似合わなかったり、すぐ飽きてしまう。ストレスばかり増えて、失うのはお金だけ……そんなことは、きっと誰でもわかっていますよね。それでもやめられないのは、病気と同じ。強い意志をもって治していきましょう。

「消費」とは、日常生活をするうえで必要な出費のこと。食費、家賃、水道光熱費、携帯電話の料金などです。しかし必要とはいえ、見直せばまだまだ無駄は出てきます。

そこで、おすすめしたいのが「家計簿」です。

家計簿というと「続かなそう」と尻込みする人も多いのですが、ここでの目的は「お金の使い方」の悪いクセを見つけること。そのための期間は、1カ月だけで十分です。「意外とコーヒー代がかかっているな」「コンビニでついつい余計な買い物をしているな」など、「消費のつもりが無駄づかいだった」という発見ができれば、毎月コンスタントに出ていくお金がぐんとコンパクトになります。

「投資」は「払った金額よりも価値が上がるもの」全般をさす言葉です。株や不動産のイメージが強いかもしれませんが、もっと身近な例もたくさんあります。

たとえば「健康」。いくらお金があっても、医療費が膨大では意味がありません。体にいい有機野菜や高品質のサプリメント、スポーツクラブなどで運動する習慣は、投資として考えていいものです。

「知識」「情報」もお金をかける価値があります。誰でも調べられるインターネットと、出版物やセミナーとでは得られる情報の質がまったく違います。

良質な知識や情報は、あなたという人間の質を高めるのみならず、後々「あなたの特別なスキル」として副業につながることも期待できます。

さらには「体験」も立派な投資です。新しいことをする、行ったことのない場所へ行く、初めての食べ物に挑戦する。こうした体験は、脳や体にいい刺激を与えてくれます。体験を人と共有して、仲間の和を広げていくのも「人脈づくり」という投資になるといえますね。

つまり投資とは、あなたが幸せになる、ワクワクするお金の使い方。

無駄な出費が多い人ほど、幸せになるチャンスを逃しているともいえるのです。

「浪費？　消費？　それとも投資？」

これからお金を使うときには必ず、この呪文を思い出してみてください。

守りを固めて「投資」へ踏み出そう！

浪費、消費、投資のうち、増やすべきは「ワクワクするお金の使い方」＝「投資」です。もちろん、投資にかけるお金とは、必要経費を引いたうえで余ったお金です。

「そんな余裕ないよ……」と、しょんぼりしてしまいましたか？

ですが、本章で「お金の守り方」を固めたことで、あなたはすでにかなりのお金を浮かすことができるようになっているはず。

そのお金はもちろん、貯金にまわしてもいいと思います。「ローンが残っている」という人は、投資よりもまず返済を終わらせることが先決です。

けれども、いったん無駄なお金の流れがとまると、「あれっ、こんなにお金が残ってる！」という、うれしい驚きの瞬間が必ずやってきます。

そのときこそ、投資を考えるタイミング。

あなた自身の健康や知識、新しい体験などにどんどんお金を使ってほしいと思います。

それと同時に、これからの時代は「銀行以外に預ける」「海外に資産を分散する」ということにも、ぜひ目を向けてみてください。

序章でお話ししたように、日本政府はすでに「貯蓄から投資へ」というスローガンを打ち出して、「銀行の利息や年金には期待しないでくれ」というメッセージを発しています。

ということは、普通預金から定期預金に移してもほとんど意味がないということ。

それどころか、今後は「マイナンバー制度」の導入で、あなたがどこの銀行にいくら預けているかがガラス張りとなります。

そのような状況で、もしも日本の財政が破綻してしまったら？

かつての預金封鎖がまた繰り返されたら？

不安にさせるつもりはないのですが、状況はどんどん深刻になっているのが現実です。


それでも、今からリスクを分散させておけば大丈夫。

投資や資産運用には「失敗しそう」「やっぱり心配」というイメージもついてまわるものですが、その理由はひとつだけ。素人がいきなり飛び込むからです。

基本のルールと考え方さえ知っておけば、投資はこわくありません。

続く第3章では、初心者でも失敗しないポイントを、わかりやすくお話しします！

第2章まとめ

◎民間の保険に入るなら「収入保障保険」だけでいい

◎クレジットカードを持っていいのは1枚だけ。ただし、持ち歩かないこと

◎借金はがん。ローンがあるなら、まずは完済すること

◎持ち家も賃貸も出費は変わらない

◎大きく税金を取り戻せる副業を賢く利用する

◎「浪費」「消費」「投資」を考えてお金を使う

第3章

日本人が陥りやすい投資のワナ、知っていますか？

FXで生き残る人、退場する人

「少額でも取引ができ、大きなリターンが狙える」ということで、人気のFX（外国為替証拠金取引）。マネー関連の雑誌などに大々的に取り上げられたり、ハウツー本なども多いことから、このFX口座を新規に開設して運用を始める人はたくさんいます。

では、この章もクイズで始めましょう。

Q

「FX口座を新規に開設した人のなかで、1年以内に投資した全額を失って退場する人は何%でしょうか?」

①20%

②50%

③80%

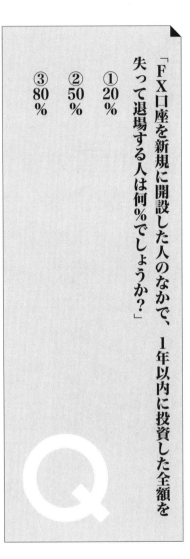

答えは「③80％」です。

私の知人であるFX専門家が教えてくれた事実です。それくらい、初心者には難しいFX。それなのに書籍や雑誌では大きく儲かった人の話ばかり取り上げ、夢を見させています。

このように、投資初心者を待ち構えているワナはほかにもたくさんあります。それが「投資は怖い」というネガティブなイメージにもつながってしまっているのでしょう。

「投資は怖い」は思い込み

これまで日本人は、他の先進国とくらべて「投資に消極的」といわれてきました。

一般的な資産づくりの方法といえば「貯金」か「保険」。「無駄づかいをせず、こつこつ積み立てればいい」と考える慎重派は、昔も今も日本人の多くを占めていると思います。

しかし、慎重でも、消極的でもよかった時代は、もう過ぎてしまいました。

今は、老後の資金を考えると、貯金だけでは足りません。さらにいえば、貯金することにすらリスクがある時代なのです。

日本では、1500兆円あるといわれる「日本の国民の金融資産」の多くが、普通預金やタンス預金になっているといわれています。その現状は、他の先進国からは「どうして投資しないのか？」と不思議に思われているのです。

というのも、欧米諸国やシンガポールでは、すでにこうした時代を見越して、一般の人も株、投資信託、不動産など「投資」でお金を増やすことが当たり前だからです。

今なお、多くの日本人が抱く「投資」に対するネガティブなイメージ。それはワナにかかる人が多く、損する人が多いから。でも、事前にそのワナさえ知っておけば、だまされる心配はありません。

この章では、初心者が知っておきたい「資産運用のワナ」をテーマに、株や投資信託など、基本的な投資商品の知識も交えてお話ししたいと思います。

「ワナ」だなんて、大げさに聞こえますか？

けれども、テレビでよく見る銀行や証券会社のCMだって、どこから突っ込んでいいか迷うほど、さまざまなカラクリが潜んでいます。

消費者を信用させ、決してウソはついていないけれども、本当のところも説明していない、実に巧妙なカラクリ。

でも、どんなに巧妙なワナだって、「こういうところに仕掛けてある」とわかっていれば、何も怖くなくなります。

思い出してほしいのは、**投資とは「あなたが幸せになる」「ワクワクする」ためのものである**ということ。

「投資は怖い」は思い込みにすぎません。その種明かしをこれからしていきましょう！

銀行のワナ

あなたが会社員なら、いつかは退職金をもらうことになりますよね。

20〜30代ぐらいではまだ「退職金がいくら出るのか」を意識しないのかもしれませんが、私はぜひ、若いうちから「退職金はいくらもらえそうか」「どうやって運用するか」といった情報を集めておくことをおすすめします。

というのも、日本人が投資を始める典型的なパターンこそ「退職金をもらったから」。経験があればともかく、まったく投資の知識をもたない人が、銀行員にいわれるまま投資に大金をつぎ込んでいるのです。

これは、老後にいきなりギャンブルを始めるようなもの。大切な老後の資金を危険にさらしているだけです。

こんなに危ないやり方がまかり通っている背景には、2つの思い込みがあります。

まずは「投資にはまとまったお金が必要」という思い込み。

これはおそらく、投資というと「株」「不動産」のイメージが強いため。ですが、投資信託やFXなど、おこづかい程度の金額で始められる商品もたくさんあります。

もうひとつの思い込みは「銀行がいうことだから間違いない」。

たしかに、銀行員から「せっかくの退職金、運用して増やしましょう」「特別なプランがありますよ」といわれたら、それもそうだなという気になります。

しかし、銀行が運用をすすめるのは、「手数料が儲かるから」。あなたの資産が増えるかどうかには大して興味がないのです。

こんな「退職金運用コース」は危ない

ここからは、ありがちな「退職金運用コース」の内容を見ていきましょう。

たとえば、こんなコースがあるとします。

「円定期50％以下、投資信託50％以上でのご契約で、円定期優遇金利年間６％！

過去１年以内に退職金をお受け取りになったお客様限定のお得なコースです」

ぱっと見、あなたはどんな印象を受けましたか？

おそらく「年６％」「お得」という言葉に興味をもった人が多いのではないでしょうか。

ですが、実はここには、大きな落とし穴が潜んでいます。

具体的に検証してみましょう。ポイントは３つあります。

❶「過去1年以内に退職金をお受け取りに～」

こういわれると「１年以内に申し込まないと特典が受けられない」と焦りますよね。

ですが、銀行の本音としては「いつでもウェルカム」。ただ「考える時間を与えないほうが決断しやすい」というだけのことです。

❷「年間6%の優遇金利」

退職金コース最大の特徴といえるのが、このような高い金利設定。大手都市銀行では2%台後半から、大きいところでは6%つくところもあるようです。

しかし、実は、こうした優遇金利は「契約してから数カ月だけ」の一時的な設定です。

多くの場合は、パンフレットの隅っこに小さく「優遇期間3カ月」などと書いてあり、その期間が過ぎてしまえば「通常の定期預金の利率」に戻ります。

優遇期間が3カ月なら「年間6%」の金利がつくのも3カ月だけ。

3カ月＝1年の4分の1となりますから、6%の4分の1、つまりこの例の場合では「1・5%」が実際に受け取れる金利となります。

あまり「優遇」されているようには思えませんよね？

❸「投資信託とセットの商品」

たとえば、円定期と投資信託を１０００万円ずつ、計２０００万円預けたとしましょう。

金利の優遇期間を３カ月とすると、実際につく金利は６％の４分の１＝１・５％。

さらに「円定期優遇金利」＝優遇金利が適用されるのは円定期に預けたお金のみとなるので、円定期１０００万円の１・５％＝３カ月で15万円の利息がつきます。

年間６％からは程遠い金利ですが「タダで15万円もらえる」と思えば、そう悪い話ではないですよね。

けれども、投資信託を買うには、多くの場合３％程度の「購入時手数料」がかかります。

手数料３％の投資信託商品を１０００万円分買ったら、手数料だけで30万円持っていかれてしまうのです。

つまり銀行は、円定期の金利で15万円の利息を支払っても、十分儲かっているということ。「円定期の利息」を「投資信託の手数料」で回収しているのが、このコースの「お得のカラクリ」なのです。

さらに銀行は、退職金という大きなお金と同時に「投資用の口座」もまとめてゲット。そのお客さんが、先々新たな投資信託を買うたびに手数料が儲かるのですから、もうウハウハというわけです。

もちろん、お客さんが買った投資信託が順調に値上がりすればよいのですが、ろくに知識もないまま投資を始めて、うまくいくケースは稀《まれ》です。

私もこれまで、貴重な退職金を１０００万円以上も大きく目減りさせてしまい、途方に暮れている人をたくさん見てきました。

こうした「退職金運用コース」に仕掛けられた数々のワナ。これを知った後では、日本人の多くが「退職金で投資デビュー」している実態が恐ろしく思えてきます。

ですが、退職金を受け取った人は誰でも「大きな収入を得た高揚感」と「収入がなくなる不安」を同時に感じています。このアンバランス、不安定な気持ちに銀行のワナがしのびこんでくるのです。

序章の「老後破産の現実」でもお話ししましたが、老後の「ゆとりのある生活費」は、夫婦で月35万円といわれています。60歳のときに４０００万円の貯金があったとしても、毎月35万円使っていけば、69歳で底をつきます。

しかも、これは「健康な場合」の試算ですから、医療費などでさらに出費が増える場合も考えられます。

そうなると「退職金だけでは足りない」と、たちまち不安になるでしょう。

「増やせるものなら増やしたい、どうやって運用しようかな？」と、パンフレットを集めたり、銀行が催す「資産運用セミナー」などへ出かけるわけです。

そこですかさず、銀行の担当者がアプローチをしてきます。

このとき、担当者はあなたを徹底的に「特別なお客様」として持ち上げてくれます。

これはもちろん「退職金運用コース」を売るための単なるセオリー。

窓口ではなく個室へ通されたり、時には自宅まで出向いてくれることもあるでしょう。

しかしこのやり方には絶大な効果があって、たいていの人が「私は特別扱いされている」「上客として見てくれている」と舞い上がって、あっさり契約してしまうのです。

このように「退職金で投資デビュー」というのは、鴨がネギを背負って、煮立った鍋に飛び込むようなもの。

そんな危険をおかす前に、**なるべく早いうちから投資を始め、そのやり方に慣れておきましょう。**

「多少失敗しても大丈夫」と割り切れるような、おこづかいレベルでできる投資はたくさんあります。具体的には第4章でお話ししますが、その前に本章で「株」「債券」「投資信託」など、投資の基本知識をおさらいしていきましょう。

投資の基本知識その① 株・債権

世の中には、たくさんの「株式会社」がありますよね。そして、それぞれの株式会社は「株」や「債券」を発行しています。それを投資家に買ってもらうことで、お金を集めるというのが株式会社の仕組みです。

つまり、投資家とは、その会社の応援団のようなもの。会社の活動資金を提供することで、その会社がもっとがんばれるようにと応援しているんですね。

しかし「応援する」といっても、無償ではないのが投資の世界。

会社の業績がよくなるほど、株や債券の価格は上がり、買ったときよりも高く売れれば儲かります。反対に、株や債券の価格が下がったときに売ったら損をしてしまいます。

投資家たちはこのバランスを注視しながら、株や債券を売買するわけです。

株と債券。このうち「株」については、新聞やテレビのニュースで取り上げられる機会も多く「何となくイメージできる」という人が多いと思います。

では「債券」についてはどうでしょう？「よくわからない」という人のために、ちょっと説明しますね。

「債券」とは、ひとことでいうと「お金を貸し付ける」こと。

株もある意味、応援したい会社にお金を貸してあげるようなものですが、債券は「利率」「満期日」などをあらかじめ決めたうえで発行されている点が異なります。また、企業だけでなく、国や地方公共団体も発行できることも債券の特徴です。

「定期的に利子がつき、満期を迎えれば貸したお金＝債券の代金が返ってくる」という点で、債券は「リスクの低い金融商品」といえます。

ただし例外は、「お金を貸したところが倒産・破綻した」という場合。

発行元がお金を返せなくなったときには、債券も紙くずとなってしまうのです。

投資の基本知識その② 投資信託

株も債券も、程度の差はあれ、結局は「リスクのある金融商品」です。

それでいて、まともに買うとけっこうなお金がかかります。というのも、普通に株や債券を買おうとすると「1000株単位」など、大きな単位でしか買えないから。

たとえば、「1株1000円の株」を1000株買うと、100万円になりますね。

その100万円はがんばって用意したとしましょう。ですが、倒産など、万が一の事態が起きたら、その株や債券は紙くずとなってしまいます。

そう考えると、1カ所だけに投資するのはやはり危ない。とはいえ、数カ所に投資するため、何百万円も用意するのは難しいですよね。

「せめてもう少し少ない額で買えたら、100万円の資金をいくつかの会社や団体に分散できるのに……」

そう思ったあなた、正解です！　それが「投資信託」のシステムです。

「1社の株につき100万円」、それを100社に分散したい場合、まともに株や債券を買っていたら1億円になってしまいます。普通に考えたらできないですよね？

ですが、「大勢で1億円を集める」という発想ならどうでしょう。「100万円しかないけど投資したい」という人が100人集まれば、1億円。さらに数百人、数千人と集まれば、投資資金はどんどん増えますよね。

そうなれば、いくらでも投資先を分散できるようになるわけです。

こうした「少ない資金でたくさんの企業に投資できる」金融商品のことを、投資信託（またはファンド）といいます。

ちなみに投資先の内訳、つまり「どの企業をどう選ぶか」は、「ファンドマネージャー」という専門家が経済情勢を分析し、いろいろな企業の株を組み合わせて決めています。

そのため、投資した結果が得か損かは、ファンドマネージャーの腕次第。

ということで、このファンドマネージャーを「信じて」「託す」。「投資信託」という名称には、このような意味もあるのです。

投資信託のワナ

ここからは、投資信託のワナについて、お話ししていきましょう。

少ない金額から多くの企業に投資できる。専門家が投資先を選んでくれる。こうしたメリットを考えると、投資信託は「初心者にもやさしい金融商品」といえます。

ですが、投資信託の世界には、膨大な数の商品があります。

日本企業の株ばかりを集めた日本株の投資信託、ブラジル企業に特化したブラジルファンド。金の鉱山を掘る会社ばかり集めた金のファンドなんていうのもあって、その数は日本だけでざっと4000種類、海外を含めると約5万種類も存在します。

つまりは、ピンからキリまであるということ。すべてが「いい商品」のはずがないのです。

大手証券会社に長年勤めた人から、以前、こんな言葉を聞いたことがあります。

「日本の投資信託は、ゴミ箱っていわれているんだよ」

びっくりした私が、思わず「どういう意味ですか?」と聞き返すと、

「本当にいい投資先があれば、まず大金持ちのところへ行くから」と、彼は答えました。続けて話を聞いてみたら、理由は簡単でした。

有名な大企業や、数億円ぐらいを簡単に出せる資産家は、金融機関にとって「本当の上客」。一生、できれば子や孫の代までつきあいたいのが本音ですから、ローリスクハイリターンの「いい投資先」を優先して案内するというのです。

私が聞いた「いい投資先」の例では、なんと「元本保証、年利20％」と銀行から提案されたケースがありました。

「元本が保証されていて、20％増えて返ってくる」、そんな夢のような条件なら、誰だって投資したいと思いますよね。

けれども、最低投資額がまさかの「10億円」。高給サラリーマンの退職金でもとうてい足りない、庶民にはまさに縁のない話だったのです。

こうして「いい投資先」がお金持ちに集中すると、残るのは可もなく不可もない投資先ばかりということになります。

つまり、**一般的に店頭販売されている投資信託は、残り物の寄せ集め。**「日本の投資信託はゴミ箱」とは、こうした状況をあらわした言葉なのです。

とはいえ、そんな商品ばかりでは、一般の人は見向きもしません。

証券会社にしたって、お金持ちに紹介できる「いい投資先」はごく一部なのですから、それ以外の商品を、どうにかして一般の人に買ってもらわなくてはなりません。

そこはうまくしたもので証券会社にとって「売りやすい投資信託」というものがあるのです。

それが、私が過去に買ったブラジルの投資信託のように「値段がぐんぐん上がっている商品」。

こうした商品は、過去の実績グラフを見ると「この先も上がりそうで安心」と思ってしまうものですが、これが大きな落とし穴です。

というのも、銀行、保険会社、投資会社、富裕層などの「市場のプロ」は、上り調子になる前から投資を始めているから。

彼らは「すごい上り調子だ！」とようやく気づいた一般の投資家が、こぞって買いはじめ、値段がつり上がったところで一気に売り抜けるのです。

すると値段はがくんと下がり、一般投資家はパニックになったように一斉に売る。ここでボンヤリしていた一般投資家が大損をし、売り抜けた一般投資家も利益はほとんど出ません。儲かるのは、市場のプロのみ、というカラクリです。

けれども、証券会社にしてみたら、投資信託を売ってさえしまえば販売手数料が儲かります。

売るタイミングで「値段がぐんぐん上がっている」のであれば、「今はこの商品が勢いありますよ！」「売れ筋ですよ！」と、すすめてしまう。

さらに、勢いのある商品とは「この先も上がりそうで安心」という心理から、手数料を高めに設定しても売れてしまうのです。

こうした理由から、窓口ですすめられる投資信託は「ワナ」と思って避けるのが無難。**銀行と同様、あなたのためを思って商品をすすめてくれる人はいない、**と思っておいて間違いはありません。

ただ、一般に売られている投資信託のなかにも優良な商品はあります。その見極め方は、このあとの第４章でお話ししますね。

株のワナ

「投資」や「資産運用」と聞いて、多くの人が真っ先にイメージするのが株だと思います。ですが、イメージが広く浸透している反面で、株とは非常に難しいもの。

というのも、株とは「人の心理」と深く連動しているからです。

自分の持っている株が値下がりしたとき、「損が出ること」を承知のうえで株を売り、それ以上損をしないようにする「損切り」というセオリーがあります。

これは株を売買する上での基本中の基本なのですが、実際はこの判断ができない人がとても多い。

なぜかというと「このまま持っていれば、また値上がりするかも」と思うからです。

その気持ちが「もっと上がるまで待とう」という気持ちに変わり、売るに売れない状態になってしまうのです（売るに売れない状態のことを「塩漬け」ともいいます）。

反対に、株価が順調な場合には「まだ上がりそう」と期待して持ちつづける。そして売り時がわからなくなり、最終的には大きく暴落してしまう……。

つまりは、株価が上がっても下がっても「感情で売り買いする」かぎり、損は避けられない。言い換えれば、**人の心理とは、株で損するようにできている**のです。

株の売買だけで生計を立てられる「株のプロ」は、そこをきっちりと見抜いています。自分の感情は捨てて、一般大衆の心理だけを読む。そうして冷静に売り買いの注文をさばくのです。

しかしながら、株で利益を得るとは「その企業がうまくいくかどうか」を予測すること。世界の経済情勢や会社の人事などにはある程度、目安をつけることもできますが、「長年の不正が発覚した」など、予測できない要因に大きく左右されてしまうことも多々あるのです。

そうした「コントロール不能な要因」で一気に株価が暴落するケースには、対処のしようがありません。

こうした点で、**素人がやる株は投資というより「ギャンブル」に近い**といえます。

プロの株式トレーダーは24時間365日、何台ものパソコンを駆使し、市場を注視しつづけます。そこまでしても「読み切れない」事態がたびたび起こってしまうのが株なのです。

本業の合間、スマートフォンで市場をチェックする程度の素人がそんなプロを差し置き、勝ち抜けていくことがどれほど大変なことか。

とはいえ、類《たぐ》いまれなる才能をもち、努力を積み重ねることで、株式トレーダーとして成功する人もいますので、「絶対にやるな」とはいいません。ただ、やるならそんなプロたちに負けないくらいの気迫で取り組む覚悟が必要です。

唯一の例外は「あくまでも練習」と割り切れる場合。

損をしても「勉強料と思おう！」と割り切れる程度のお金で取り組めば、経済に目が向くよい経験となるはずです。

少額投資については、このあとの「ＮＩＳＡのワナ」も参考にしてくださいね。

ＦＸのワナ

株に関連して、ＦＸについてもお話しておきましょう。

ＦＸとは円、ドル、ユーロやポンドなどの「異なる通貨」を売買し、その差額で利益を得ようとする投資のこと。一般の投資家に広まったのは最近ですが、もともとは銀行などが資金調達のためにおこなっていた、昔からある投資手段です。

ＦＸ最大の特徴は「レバレッジ」。簡単にいうと「お金を借りて、大きな投資に参加できる」というシステムです。

日本では元本の25倍までレバレッジを増やせますから、１００万円の資金しかなくても、25倍＝２５００万円までの投資に参加できます。つまり、２４００万円まで借りられるという話なのですが……。

「借金をして投資する」って、少し怖くありませんか？

「手持ちの資金は１００万円。レバレッジで２４００万円を借りて、２５００万円分の外貨を買った」という例で考えてみましょう。

これで買った外貨が値上がりすれば、問題はありませんね。１％上がっただけでも、25万円の利益。もとの１００万円からすると、プラス25％のリターンになります。

ですが、逆に１％減った場合は？

そう、25万円の損。１００万円からすると、マイナス25％の損失になります。

ということは、もしも買った通貨の価格が４％下がれば、マイナス１００万円。手持ちの資金を全額失うことになります。

「手持ちの資金を全額失う」なんて大げさな例だと思いますか？

しかし冒頭で紹介したとおり、新規のＦＸ投資家の８割が「始めてから1年以内に手持ちの資金を全額失っている」のです。私の知人にも、相場が暴落したとき、運悪く会社の会議中で何も手を打つことができず、みすみす３００万円を失ってしまった人がいます。

つまり外貨売買とは、非常に不安定なバランスの上に成り立つもの。知識やスキルがないままにトレードを始めると、あっという間に資金がゼロになる。ＦＸにはそんなリスクが隠れているのです。

ですから、株と同様、ＦＸも素人には「非常に難易度が高い」と思ってください。

ビギナーズラック的に短期的な利益を出すことはできても、長期的に勝ちつづけるというのは「奇跡に近い」というもの。

この1～2年でも、ドル円が数時間で4円も動いたり、スイスフランとユーロの間で凄まじい値動きがあったりして、多くのＦＸ投資家が資金を失っています。

会社員の片手間でやって儲かるものではありませんから、株と同様、やるならプロを目指すつもりで、徹底的に勉強をしてのぞむ覚悟が必要なのです。

ＮＩＳＡのワナ

「株や投資信託で増えたお金」には、通常20％の税金がかかります。それを「少額投資は非課税」としたのが「ＮＩＳＡ」（少額投資非課税制度）です。

非課税枠は、２０１５年現在「年１００万円まで」。２０１６年からは「年１２０万円まで」となる見込みです。最大５００万円の投資額に対して、最長５年間非課税となります。

また、２０１６年からは０歳〜19歳を対象とした「子ども版ＮＩＳＡ」がスタート予定。こちらは「年80万円まで」の少額投資が非課税となります。

つまり、人によっては家族内の非課税枠が増えるチャンス。たとえば「夫婦と子供ひとりの３人家族」なら、夫婦で計２４０万円（２０１６年からの適用）の非課税枠に、子供の80万円が加わって、年間３２０万円までの投資の運用益が非課税となるわけです。

ここまで聞くと、悪い話ではないですよね。

しかし、よさそうな話には、やはりワナがあるのです。

たとえば、100万円で買った株が、5年後に80万円になったとしましょう。

ここで売ってしまえば問題ありませんが「また上がるまで持っておこう」と思った場合は、NISA口座から一般の口座に移す必要があります。

このとき、単純に中身だけ移動できればよいのですが、実はここでの価格「80万円」で、新規に株を買い直したことになるのです。

そのため、株が100万円に戻ったときに売却したら、本来は差益ゼロのはずなのに「20万円の利益」とみなされてしまいます。

つまり、**NISAを利用したがために、余計な税金がかかってしまう**のです。

もちろん、買った投資商品が5年の間に値上がりすればよいのですが、実は株で儲かっている人は全体の1〜2割程度しかいません。それを考慮すると、多くの人がNISAで余計な税金を払うことになりそうです。

このように、NISAで大きく得することは期待できなさそうですが、「投資の練習」として活用するのは賛成です。

年間100万円程度であれば、仮に運用に失敗したとしても致命傷にはなりません。

「うまくいけば儲けもの」といった気持ちで、投資経験を積み重ねていくことをおすすめします。退職金という大きなお金を手にする前に「投資の練習」をしておけば、結果的にはあなたの大切な資産を守ることになります。

つまり、NISAのキーワードは、節税ではなく「投資に親しむチャンス」。

第4章でお話しする「がんばらない」投資法を参考に、あなたもぜひ、練習を始めてみてください。

ワンルームマンション投資のワナ

「マンションオーナーになって節税しましょう！」

「駅近ワンルーム、投資に最適！」

この頃、そんなキャッチコピーの広告をやたらと見かけませんか？

とくに東京都内やその近郊では、2020年のオリンピック開催が追い風となり、マンション価格は高めで安定しています。

なかでも目立つのが、２５００万円前後の都内の新築ワンルームマンション。ローン以上の価格で貸せれば利益になるため、若者層にも「身近な投資方法」と注目されているようなのですが、もちろんマンション投資にも多くのワナが潜んでいます。

ここで思い出してほしいのが、第2章の「副業で税金を取り戻す」というお話。「副業の損益を会社のお給料と相殺し、税金を減らす」というこの仕組み、最近では「分譲マンションのセールストーク」に使う不動産業者がいるそうです。

もちろん、副業を不動産業にするという節税方法は合法です。下手に株やＦＸなど、ギャンブル性の高い投資商品に手を出すよりもリスクは低いと考える人も多いようです。

しかし、**新築の物件を購入する場合、買った瞬間にその価値が3割は下がります**。車と同じですね。入ってくる家賃からローンを引き、固定資産税や修繕積立金、管理費を引いていくと、元を取るまで20年〜30年かかる計算になります。

そして、なんといっても空室リスクが大きいです。家賃が入らなくてもローンの支払いは待ってくれません。

そんな物件をどう売るかというと、世間知らずの若者をターゲットにするんですね。

「あなた方の世代では、十分な年金がもらえない」

「今のうちから確実な資産づくりを始めましょう」

そう、セールストークそのものは的を射ています。

だから話を聞くほうも「親身にアドバイスしてくれている」と好感をもつのですが、実はその時点で、まんまとワナにはまっているのです。

このワナというのが、もうむちゃくちゃ。家賃よりもローンの支払いが高い物件など「不動産事業としては損する話」を普通に提案されるのです。

私のクライアントのなかにも、ワナにはまってワンルームマンションを買ってしまった人がいます。

儲かるどころか、家賃収入8万円に対してローンが毎月10万円。毎月2万円を払いつづけるはめになり「どうしたらいいでしょう？」と相談してきてくれたのですが、毎月赤字なのですから不動産投資としては失敗です。多額の借金をしてまでやることではありません。

さらにいえば、マンションの価値とは年月とともに下がるものです。

設備も老朽化しますし、壁紙も汚れてきます。もちろん住む人が変わる場合にはリフォームもしなくてはなりません。自宅なら少々古びた程度は目をつぶっても、オーナーとなれば「つねに快適な状態」をキープしなくては借りてもらえないのです。

けれども、それだけの手間とコストにもかかわらず、マンションの価値とは非常に不安定なもの。地震や火事などで建物に大きな被害が出た場合、万が一マンション内で自殺者が出た場合など、予期せぬトラブルで建物の評価は大きく下がってしまいます。

そもそもワンルームマンションは「単価が安いから売りやすい・買いやすい物件」というだけで、投資先として成功している話はほとんど聞きません。

というのも、物件の多さに対して需要そのものが少ないから。

需要があるのは圧倒的にファミリータイプのマンションで、投資用に家賃を回収することを考えるなら迷わずこちらを選ぶべきです。

人気の路線、複数路線が乗り入れる駅。そこから徒歩10分以内で、病院やスーパー、銀行なども近い物件。地盤の強さや坂道の有無など、リサーチ項目はそれこそ膨大にありますが、本気でやるならこのぐらい調べるほうがいいでしょう。

ただし、マンション市場は今がまさにピークです。

巷では「東京オリンピックに向けて上昇する」といわれていますが、それは物件の数が増えていくだけ。販売価格の伸び率はほぼ横ばいとなっているため、いつ頭打ちとなり、暴落してもおかしくないのです。実際、不動産投資を長年されてきた方のなかには「早く売りたくて仕方ない」と、売るタイミングを見計らっている人がたくさんいます。

そうなると「海外に目を向ける」というのも一考です。

「海外の不動産オーナー」なんて、よほどの資産家でないと無理そうですよね。けれども、リゾートマンションをはじめ「海外のマンション」は昔からあるスタンダードな投資手段。有名なリゾート地や大きな都市では「日本語ＯＫの不動産屋さん」も必ずあります。おすすめの国や物件など、こちらも第４章で詳しくお話ししますね。

投資詐欺のワナ

株や投資信託、不動産。投資にはさまざまな商品がありますが、いずれもリスクを覚悟のうえ「自己責任で運用する」というものです。

「自己責任」というと少し怖いイメージもありますが、何よりも恐ろしいのは「運用されずに持ち逃げされること」、つまり投資詐欺《さぎ》です。

「自分は投資詐欺になんて引っかからない」

誰もがそう思っているはずなのに、投資詐欺の事件はいっこうになくなりませんよね。しかも、この頃では「詐欺師にだまされた」という個人レベルの話ではなく「会社ぐるみで持ち逃げされる」巨額の被害が続出しています。

たとえば、２００７年に発覚した「ワールドオーシャンファーム事件」。フィリピンの海老の養殖事業に投資すると「1年で投資額が2倍」という、うまい話の典型で、日本でも募集開始から1年足らずで数百億円を集めていました。

しかしその実態は、集めたお金はそのまま配当金へ横流しする自転車操業。養殖場そのものについても、宣伝していた広さの20分の1程度の規模しかなかったそうです。

もう少し最近では、２０１３年の「ＭＲＩインターナショナル事件」。アメリカ・ラスベガスの投資会社が、日本人を対象に「診療報酬を保険会社などへ請求できる権利」への出資を募り、約９０００人から約１３００億円を集めていました。

「元本保証、年利６％で運用」の好条件でしたが、実際は出資金の多くは運用されず、配当金の支払いに流用されて破綻することになったのです。

このほかにも円天と呼ばれる疑似通貨が破綻したL&G事件（通称「円天事件」）や、FXで多額の利益を得られるとした「オール・イン事件」、事業実体があったため詐欺にはあたりませんが、２０１１年に発覚した「安愚楽共済牧場事件」など、記憶に新しい「投資関連の事件」が数多くあります。

そもそも日本人は「投資は怖い」「失敗してお金を失いそう」という気持ちが強いのに、だまされる人が後を絶たないのは、いったいどうしてなのでしょう？


投資詐欺の被害がなくならない理由、それは「お得」と「秘密」だと思います。

「得しますよ」といわれたら、誰だって気になりますよね。スーパーのタイムセールやデパートのバーゲン、ポイントカードや飲食店で使えるクーポン券など、私たちのまわりには「お得」な情報やツールがあふれています。

ですがその反面、こんな不満もどこかにあるはず。

「誰でも知っている情報じゃん」

「利用する人が多いと、大して得にはならないな」

そう、得というのは「周囲を出し抜く」ということです。

ですから、本当に「お得」な情報とは、そうそう表に出ないもの。「投資信託のワナ」で「ローリスクハイリターンの投資商品は上客のところで線引きされる」というお話をしたように、これは投資のセオリーともいえることです。

ここでいう上客とは、大企業か資産家。

一般の人にはほとんど関係のない話なのですが、詐欺師は「あなたも上客ですよ」「特別なあなただから、秘密の情報を教えますよ」と甘くささやいてくるのです。

「うまい話ほどあやしい」とガードを固めているつもりでも、こうした言葉に自尊心をくすぐられる人は少なくありません。

退職金でいきなり多額の投資を始める人、「ワンルームマンションのワナ」に引っかかってしまう人も、多くがこうしたタイプでしょう。

だけど、これからはもう大丈夫。

もしもあなたが「うまい話」をもちかけられたら、こう聞いてみてください。

「私のお金はどこに送金するんですか?」

これは、とっておきの質問です。

安心していいのは、答えが**「あなた名義で開設された金融機関の口座」**だったとき。金融機関とは銀行、証券会社、保険会社の場合もありますが、金融機関の自分名義の口座であれば、お金の出し入れはあなた本人しかできません。

つまり「誰かに持って行かれるリスク」を心配する必要はない、ということ。

しかし、送金先が「知らない個人の口座」や金融機関ではない「民間企業の口座」の場合は赤信号。あなたに出し入れする権利はなく、口座の状況もチェックすることができません。

このパターンは、詐欺事件の大半に当てはまるのでよく注意してください。

生命保険のワナ

保険については第2章でも触れましたが、ここでは補足として「生命保険」のワナについてお話しします。日本人は保険が大好きで、8割くらいの人が加入しているといいます。では、世帯主が亡くなったときに支払われる生命保険の保障額は、平均で何千万円くらいだと思いますか？

答えは、約３０００万円。

では、実際に保険を受け取った額は平均いくらでしょうか？　こちらは、約１８０万円です。

信じられないほどの差がありますね。ここにはどんなカラクリがあるのでしょうか？　見ていきましょう。

第2章では、貯蓄型と掛け捨て、両タイプの保険を比較しました。少しおさらいすると、貯蓄型とは一生涯の保障が続く保険で「終身保険」ともよばれるもの。掛け捨てとは保障期間が決まっていて「定期保険」とよばれるもの。保障期間、月々の掛金などでどちらも一長一短あるけれど「早死にするリスク」にのみ備えると割り切って、掛け捨ての保険を選ぶのが王道。なかでも「収入保障保険」は合理的でおすすめですよ……というお話でしたね。

ですが、実は両タイプの保険が合体した「定期付き終身保険」という商品があるのです。

こう聞くと、いいとこ取りのハイブリッドのように思えますよね。

実際に「定期付き終身保険」は日本でもっとも売れている生命保険なのですが、この保険にはとんでもないカラクリが潜んでいます。

「定期保険の部分で３０００万円の保障、終身保険の部分で１５０万円の保障」

「30歳で加入、60歳で満期」

という例で、いっしょに考えてみましょう。

定期保険の部分は、10年ごとに更新されます。30代のときは月額１万円、次の40代は月額１万５０００円。次の50代は月額３万円……というように、月々の掛け金は更新のたびに上がっていくのですが、60歳を迎えると、定期保険の部分は更新できなくなります。

つまり、老後は「終身保険の部分」だけが残るのです。

60歳を迎える前に亡くなれば、定期保険と終身保険の保障の全額「３１５０万円」がもらえますが、60歳を１日でも過ぎれば「終身保険の部分＝１５０万円」しかもらえなくなるのです。

ここで日本人の平均寿命を改めてあげると、男性は80歳、女性は86歳。

60歳を過ぎても生きる確率は９割以上といわれていますから、どれだけこの「定期付き終身保険」が保険会社を儲けさせてきているかおわかりいただけると思います。

この例の場合、30歳から60歳までの掛け金は約７００万円になります。

それだけの掛け金を払ってきたのに、いざご主人が亡くなったら「１５０万円しか保険金が出なかった……」と、がっかりするおばあちゃんがたくさんいらっしゃいます。

これが第2章でお話しした「収入保障保険」なら、保障額にもよりますが、掛け金は30年間で２００万円程度で済みます。

保険は長い目で見ると大きなお金を支払うものなので、この機会にぜひ、今入っている保険を見直してみてください。

お金に「ポジティブ」になろう！

ここまでの話で、あなたはすでに「資産運用のワナ」のパターンが頭に入っているはずです。うまい話をもちかけられても「そのカラクリは知ってるよ」と、涼しい顔ができることでしょう。

ここから次の段階へ進むには、「お金にポジティブになる」ことです。

「資産運用のワナ」はいずれも、日本人特有の「お金に対するネガティブさ」を逆手に取るものでした。

それぞれカラクリは単純なのに、ワナにかかる人が後を絶たない。その理由は「マイナスの感情」ほどつけこみやすいからだと思うのです。

「お金にポジティブ」なんて、ちょっと難しそうですか？

でも大丈夫。次の章でお話しするのは、その名も「がんばらない」投資法です。

ゆるく、楽しく。ほったらかしでも大丈夫。専門的な知識もスキルも要りません。

誰でもできて、ストレスがない、そんな投資法についてお話ししていきます。

第3章まとめ

◎銀行の退職金プランは「投資信託の手数料」の部分に要注意

◎投資信託の「売れ筋商品」は損しやすい

◎株もＦＸのトレードは「ギャンブル」に近い。やるならプロになる覚悟で

◎ＮＩＳＡの節税効果は薄い

◎マンション市場は今がピーク

◎「詐欺かな?」と思ったら「お金の送金先」を聞くべし

◎定期付き終身保険は、老後は「終身保険の部分」だけが残る

第4章

これでも「貯金1億円」は「夢の話」でしょうか？

老後は海外の不動産オーナー

まずは、不動産に関するクイズです。

「海外で不動産を買う場合、資産価値が高いのはどの国だと思いますか？」

①地震の少ない国
②人口が増えている国
③世界遺産の多い国

Q

日本で不動産を買う場合、とくに気がかりなのは、①の「地震」でしょうか。

どんなに立地や価格が魅力的でも、「地盤がゆるい」「築年数が経っていて耐震工事が不十分」など、地震で建物に影響が出そうな条件がひとつでもあれば、資産価値の上昇は期待できません。

ただ海外の場合は、地震の起きる頻度が日本にくらべてずっと少ない。そのため「不動産の資産価値」と「地震」というキーワードは、直接結びつかないのです。そのため、これは選択肢から消えます。

では、③の「世界遺産」はどうでしょう。

たしかに「有名な世界遺産のすぐ近く」というようなピンポイントの立地であれば、資産価値が上がる見込みはあります。ですが、都市部ならともかく、山奥の秘境など不便な場所や観光シーズンが限られているケースなど「世界遺産」といってもケースバイケース。

そのため資産価値との関連はつけがたく、これも選択肢からは消えます。

しかし、たとえばハワイのワイキキなど「安定的に人気のある観光地」なら話は別。長年人気を保っているということは、コンドミニアムなどへの需要も高く、安定した投資ができると予測ができます。

ということで残ったのは、②の「人口が増えている国」。こちらが正解です。

人口の増加は、あらゆる需要を長年にわたり増やします。つまり「今後も経済が成長する」と見込めるため、その成長によって不動産の資産価値、およびその国の通貨の価値も上昇すると考えられるのです。

また「人口が増えている国」というと新興国をイメージしがちですが、実はイギリスやアメリカなど、先進国にも人口が増えている国はあります。

とりわけ大都市は不動産物件が豊富ですから、一般の投資家でも買える価格の不動産も見つけやすいと思います。

「老後は、ロンドンやニューヨークの不動産オーナーとして生活する」

そんな自分の姿を想像すると、ちょっとワクワクしてきませんか？

「でも語学もできないし、海外の不動産に投資するなんて無理」

いえいえ、大丈夫です。この章でお話しするのは、誰でも簡単にできる「がんばらない」投資法。その実践方法をひとつずつ具体的に話していきますね。

「がんばらない」投資法は世界共通

投資を始め、独立したばかりの頃、私はがんばりすぎていました。四六時中パソコンに張りついて、少し株価が下がっただけでも真っ青になって。今思えば、本当にストレスの多い毎日だったと思います。

ところが、投資が広く親しまれているシンガポール、なかでも「賢い投資家」といわれる人たちがやっていたのは、びっくりするほど簡単な「がんばらない」投資法だったのです。

彼らがおこなっている投資法はというと、

・金利の高い銀行にお金を預ける
・いい投資先を信用できるプロに選んでもらう
・育った資産は、不動産などに分散する

ものすごくシンプルでしょう？

この投資法、実は世界共通なのですが、日本ではあまり浸透していません。

なぜかというと、金利の高い国、利回りのよい投資商品、安定した家賃収入が見込める不動産、それらはすべて海外になるからです。

個人のお金が海外へ流れると、日本の財政はさらに窮地に立たされます。そうなっては困るため、とかく「お金に関する海外からのいい情報」は、シャットアウトされ、庶民の耳には届かないのです。

老後の資金、いくら必要？

一般的に「老後の資金は３０００万円」と、いわれます。この金額は、公的年金を差し引いた退職後の必要額ということですが、実はこの「３０００万円」という金額は過去の話。

というのも、この金額が計算された頃は、まだ60歳から年金がもらえていたからです。

しかしながら、現在は「60歳で退職、年金は65歳から」というのが一般的。つまり、60歳～65歳まで収入のない「空白の5年間」があるのです。

また「老後の資金」には、生活費以外にも「若い頃には思いもよらなかった出費」が上乗せされます。

医療費や介護費用、住宅のリフォーム、子どもがいる場合は住宅購入や孫の学費の援助も考えられますし、葬儀費用も用意しておきたいところ。２０１７年４月から10％となる消費税も、今後さらに上がるかもしれません。

なかには安くあげられそうな項目もありますが、今なら「我慢する」「節約する」と考えられても、歳をとったら「体がしんどい、無理をしたくない」「子供や孫に苦労させたくない」という気持ちが強くなるかもしれません。

それでは、これからの時代、「老後の資金」はいくらあればよいのでしょう？

序章でお話ししたように「ゆとりのある生活費は夫婦で月35万円」といわれています。月35万円ということは、１年で35万円×12カ月＝４２０万円となりますね。

この金額をベースに、いっしょに考えてみましょう。

まずは「空白の5年間」を乗り切るお金。４２０万円×5年＝２１００万円が必要です。

しかし前述したとおり、年金支給開始年齢は、70歳、もしくは75歳へと先延ばしが検討されています。そこで、仮に「空白期間10年」と想定すると、420万円×10年＝4200万円が必要となりますが、さらにいえば、年金そのものが当てにならない。

このまま2038年に財源が尽きれば、年金は「自分で投資して準備するもの」へ、完全に切り替わるかもしれません。

ということは、これからの「老後の資金」とは、「退職から平均寿命までの必要額」と考えたほうがよさそうです。2015年現在、日本人の平均寿命は84歳（男性80歳、女性86歳の平均値）ですから、60歳〜84歳までの24年分、つまり、

・420万円×24年＝1億80万円

ゆとりある老後を送るには、これだけのお金が必要ということになりますが……さあ、どうしましょう。3000万円あればよかった「老後の資金」が、いきなり3倍以上に膨れ上がってしまいました。

ちなみに、60歳までに1億80万円を貯めるとすると、30歳からでは年に336万円、月に28万円の貯金が必要です。40歳からだと年に504万円、月に42万円の貯金が必要です。これは、いくらなんでも厳しいでしょう。

年金の支給額が減っても「まったくもらえない」事態にはならないと思いますが、人によっては医療や介護費用がかさむ場合があります。平均寿命より長生きする人だって多くいますから「老後の資金に1億円」というのは、極めてリアルな数字なのです。

1億円をどう貯める？

老後の資金に1億円。途方もない金額ですが、まずは第2章でお話しした「賢いお金の守り方」を実践してみてください。

保険を見直す。衝動買いはしない。カードはなるべく使わず、税金も賢く抑える。ローンの支払いが残っているなら、ある程度お金が貯まったら完済してしまう。

ここでの目的はまず「投資の元手をつくること」です。すぐに使わなくてもよい、まとまったお金。ひとまずの目標として、100万円ぐらいでしょうか。このお金を、時間をかけて賢く育てていくのです。

投資の元手となる100万円が手元にあるとして、1億円まで、あなたならどうやって育てますか？　投資方法のおさらいも兼ねて、選択肢を絞っていきましょう。

銀行　△　海外の銀行なら選択肢に入れてよし

銀行に関しては、これまでに何度も警鐘を鳴らしてきました。高い金利がついた頃と違って、今は預金だけではお金を増やせません。それどころか、日本の財政事情を考えれば、私の祖母の時代のように、預金封鎖や財産税をかけられるリスクも十分に考えられます。

過去に財政破綻をした国では、普通預金も外貨預金も区別なく封鎖されたため「日本の銀行」に全資産を預けるのはリスクが高いといえるでしょう。

ただし、世界に目を向ければ、かつての日本のような「金利が高い国」はあります。

そうした国の銀行に預金をする、というのは選択肢に入れてもよいでしょう。

保険　△　TPPで自由化されたら検討

銀行と同様に、現在は保険商品の金利も大きく目減りしています。貯蓄型といわれる商品も一応はありますが、やはり現在では金利が低く、早期に解約すると大損することにも注意が必要です。

しかし、海外の保険会社には、一般の人々に高く支持されている「優秀な年金プラン」がたくさんあります。現在は「日本に住みながら海外の保険に入る」には、いくつかの条件をクリアしなくてはなりませんが、今後TPPで保険が自由化された場合は、投資商品として考え直すのもありだと思います。

不動産　△　海外ならあり。まとまった資産ができてから検討

不動産は、「投資なのにローンを組む」という点に要注意。世間一般では「不動産

はローンで買うのが当たり前」と思われていますが、自分で住むわけでもない物件に莫大な借金をして投資するなど、素人が手を出すにはリスクが高すぎます。

けれども、ローンを組まずに優良物件が買えるなら、安定した利益が見込めます。日本のワンルームマンションはおすすめしませんが、海外なら投資する価値は大いにあり。こちらも後ほど、詳しくお話ししますね。

株・FX × ギャンブル性が強くリスキー

株とFXについては、第3章で「やるならプロになるつもりで」とお話ししました。それだけの覚悟でのぞんでもなお、先々の予想とは難しいもの。当たれば大きく増えますが、予測やタイミングを間違えば、せっかく貯めた投資の元手が瞬く間になくなる危険もあります。よって「賢くお金を育てたい」という人にはおすすめできません。

金 × すでに多くの資産のある人向け

第3章の「資産運用のワナ」をお読みいただき「金はどうなの？」と思った方もいらっしゃると思います。実は、金とは運用ではなく「減らさないため」の守りの戦略。値上がりを期待して持つのではなく、すでに多くの財産を持つ人が資産を分散するために一部を替えておくものです。よって「賢くお金を育てたい」という目的からははずれます。

宝くじ × 浪費以外のなにものでもなし

1億円を貯めるより、宝くじで当ててしまおう！　そう考える方もいるでしょうか。しかし「宝くじで高額当選する人÷宝くじを買う人」で計算すると、何と「一生のうちで雷に10回打たれる」よりも低い確率となるそうです。

また、テレビや雑誌では1年中宝くじの広告を目にしますが、その制作費も当然、宝くじの収益から払われています。趣味で小額買うのは個人の自由ですが、基本的には浪費以外のなにものでもありません。

投資信託　◯　小さな元手を育てるのにもっとも有効

「賢くお金を育てたい」という場合、もっともおすすめなのが投資信託です。

第3章で「日本の投資信託はゴミ箱」とお話ししましたが、「小さな金額を分散して投資できる」という投資信託のシステム自体は、一般投資家にとってもリスクが低く、よくできているといえます。

日本の投資信託は手数料が高いのがネックですが、なかには手数料がかからない商品もありますし、海外の投資信託に目を向けるのもあり。こちらも後ほど詳しくお話しします。

以上をまとめると、おすすめ、または検討の価値ありの方法はこの3つです。

- **日本および海外の投資信託**
- **海外の銀行預金**
- **海外の不動産**

こうして並べると、やはり海外のものばかり。

これからの資産づくりには、グローバルな視点が必要。とはいえ「英語が苦手」「海外の経済事情がわからない」など、誰しも二の足を踏んでしまいそうになりますね。

けれども、私がお伝えしたいのは「がんばらない」投資法です。

英語がまったくできなくても、日本語を話せる担当者が間に入ってくれます。日本の会社からも手続きできます。

そう思うと、だいぶ気が楽になるでしょう？

それでは、ハードルの低いものから、ひとつずつ内容を見ていきましょう！

STEP 1

がんばらない資産形成

STEP1 ① 海外の銀行に分散する

■日本にいながら口座開設できる

資産形成のための、リスクも小さく安全な方法というと、まずは**「日本にいながら、海外に口座を作る」**こと。おすすめ、または検討の価値ありの投資方法のなかで、もっとも簡単にできるのがこれです。

「海外」「銀行口座」「開設」というキーワードでインターネット検索してみると、びっくりするほど多くの情報がヒットしますが、何といってもラクなのは「日本の金融機関、または会社に間に入ってもらう」こと。

たとえば、三菱東京ＵＦＪ銀行では「海外口座ご紹介サービス」として、アメリカとタイの預金口座の開設を取り次いでくれます。円から外貨に両替する「為替手数料」がかかりますが、日本にいながらにして海外の銀行口座を開けることは大きな魅力。

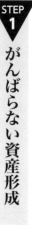

外貨預金としてそちらへ貯金することもできますし、将来的に海外の投資信託や不動産の購入を検討するときにも便利です。

開いた口座に３００ドル以上の残高、または月に最低１回25ドル以上の入金といった条件はありますが、インターネットバンキングを利用すればお金の出し入れは簡単です。

また、海外の銀行口座開設を取り次いでくれる会社もあります。こちらは為替手数料のほか取次料も必要となりますが、シンガポールやオーストラリアなどの先進国、モンゴルやブラジルといった新興国など、ぐっと選択肢が増える利点があります。

ちなみに、各国の金利は「政策金利」という数字が目安になります。

これはその国の通貨におけるベースとなる金利のことで、２０１５年現在では日本０・１％、アメリカ０・25％、香港０・５％です。

さらにはオーストラリア２％、南アフリカ６％。すごいところではブラジル14％、モンゴル15％と２ケタ台の国もあります。

そう、金利の高い国で貯金をすれば、かつての日本のように「利息生活」を送るのも夢ではありません。世界全体を見渡せば、高度成長をしている国は必ずあるのです。利息については、この後の【STEP2　複利でじっくり、大きく育てる】でもお話しますので、より詳しく知りたい方は併せて読んでみてください。

■現地で直接申し込む

シンガポールや香港、ハワイのワイキキなど、日本人に人気の高い観光地の銀行では、日本語の話せるスタッフがいる銀行もあります。手続きは日本の銀行とほぼ変わりませんし、残高が不足すれば日本から送金することもできますから、旅行や出張で海外へ行く機会がある人は、現地の銀行で口座を開くことをおすすめします。

ただし、最近は「海外に銀行口座を持ちたい」と考える人が増えているため、以前とくらべて条件が厳しくなってきました。ハワイはパスポートのみで手続きできますが、香港では「現地に住んでいる人の紹介」か「すでにその銀行と1年以上の取引をおこなっている」場合などの条件を出されることが増えています。

まずは「海外」「銀行」「日本語」「ホームページ」などでインターネット検索し、

日本語のホームページを持つ銀行を比較検討してみるとよいでしょう。

「現地の知り合いが必要」といわれたら、口座開設をサポートしてくれる会社に助けてもらうのも一案です。サポート料は別途かかりますが、日本語の話せるスタッフが同行し、紹介者として名義も貸してくれるなど至れり尽くせり。もちろん通訳もしてくれますので、ひとつの手段として覚えておくといいと思います。

STEP1 ② 投資信託を始めてみる

■おすすめは「成功報酬」の投資信託

海外に貯金をしていれば、日本の財政が破綻した場合でも、あなたのお金を外貨に替えて守ることができます。しかし「お金を育てる」という点では少し頼りない。というのも、貯金でお金を育てるには、金利の高い新興国を選ばなくてはならないから。

かつて私がブラジル関連の投資で失敗したように、新興国には通貨暴落のリスクがあります。とはいえ、ドルやポンドなど先進国の通貨は「日本の破綻に備える」には適していても、高い金利は望めません。

そこで、思い出してほしいのが投資信託のシステムです。

「少ないお金で多くの企業に投資できる」

「それだけリスクが分散できる」

さまざまな投資手段があるなかで、もっとも手堅い方法でしたね。

問題は、日本の投資信託は手数料などのコストが高いこと。運用で多少プラスになっても、購入時手数料、信託報酬などを払っていくと、結果的にマイナスとなることはよくあります。

とくに「売れ筋」としてすすめられる商品は、あらかじめ高い手数料が乗っている「証券会社がもうかる商品」だということは、第3章でお話ししたとおりです。

一方、海外には「お客さんから預かった資産の上昇分」から報酬を得る「成果報酬」の投資信託がたくさんあります。

この「成果報酬」の何がいいかというと、お客さんの資産を増やしつづけないと、ファンドマネージャーは報酬が発生しないのです。つまり、成功報酬の投資信託には、優秀なファンドマネージャーがついているということ。とりわけ、このシステムで長年続いている投資信託は、高い信用性があると考えられます。

これだけ事情が違うのですから、日本では投資信託に期待しないほうがいいでしょう。

■手数料の安い「インデックスファンド」

ただし、例外もあります。

それが「インデックスファンド」です。

インデックスファンドとは、ファンドマネージャーではなく、コンピューターが一定のルールに基づいて銘柄を選んでくれる商品のこと（ちなみに、ファンドマネージャーが関わる投資信託は「アクティブファンド」といわれます）。

ファンドマネージャーが関わらないため、購入時手数料は無料のものが多く、信託報酬や管理運用費も低額です。証券会社にとっては「大きな利益につながらない商品」なので、積極的に宣伝されていませんが、どの証券会社でも取り扱いはあります。

月々の積み立てで始めてしまえば、ほったらかしでも大丈夫。**低コストで安定的な成長が見込めるという「がんばらない」投資法の王道**です。

ひとくちに「インデックスファンド」といっても膨大な商品がありますが、日本の代表的な一部上場企業225社の平均株価に投資する「日経225」や、東証株価指数TOPIXに連動した「TOPIXインデックス」がよく知られています。日経平均やTOPIXをチェックすれば動きがつかめるシンプルさが魅力で、一般の投資家にも広く買われている銘柄です。

もちろん、外国の企業を集めたインデックスファンドも日本で買えます。

初めて買うなら、先進国の代表的な優良企業ばかりを集めた「MSCIコクサイ」がおすすめ。日本以外の先進国、新興国、今後発展が見込めるフロンティア国計70カ国を対象とした広範なインデックスファンドで、それだけリスクを分散できる強みがあります。外国の企業に投資してみたいけど、詳しいことはわからない……という場合でも、これなら安心して買えますね。

「平均的な株価」に投資するインデックスファンドでは、日本国内と海外のどちらを選んでも、個別の株を買うのにくらべると、派手な値動きをすることはほとんどありません。

けれども「お金を育てるスタートライン」に立ったばかりのあなたなら、堅実なほうがうれしいはず。5年、10年と時間をかけて、じっくり安全に元手を増やしていきましょう。

■相場に左右されない「ドルコスト平均法」

投資信託を買うにはまず、証券会社か投資信託を扱っている銀行で「投資用の口座」を開くことから始めます。

手続きはお近くの店舗でできますが、**対面形式はスタッフの人件費や手数料が多くかかるため、ネット証券がおすすめ**です。

楽天証券、SBI証券、マネックス証券、松井証券など、ネット証券会社だけでもかなりの選択肢がありますが、いずれも実店舗を持たないため手数料が割安です。

各社ともサービス内容には大きな差がありませんので「分析レポートのわかりやすさ」「スマートフォン連動アプリの使いやすさ」など、あなた好みのポイントで選べばいいでしょう。

ただし、買い方にはポイントがあります。

たとえば、投資の元手として100万円を用意できたとします。これを投資信託で育てる場合、いきなり全額をつぎ込むのは厳禁です。

あなたの選んだ商品が「値上がりしつづける」とわかっていれば、最初から全額つぎ込むほうがリターンも大きくなりますが、相場とはつねに動くもの。いきなり100万円を投資して、翌月は120万円に増え、その次の月は80万円になってしまった……そんなアップダウンは心臓に悪すぎます。

ではどうするか？

毎月一定金額の「積み立て」がおすすめです。簡単な例で、いっしょに考えてみましょう。

◎毎月1万円ずつリンゴを買う

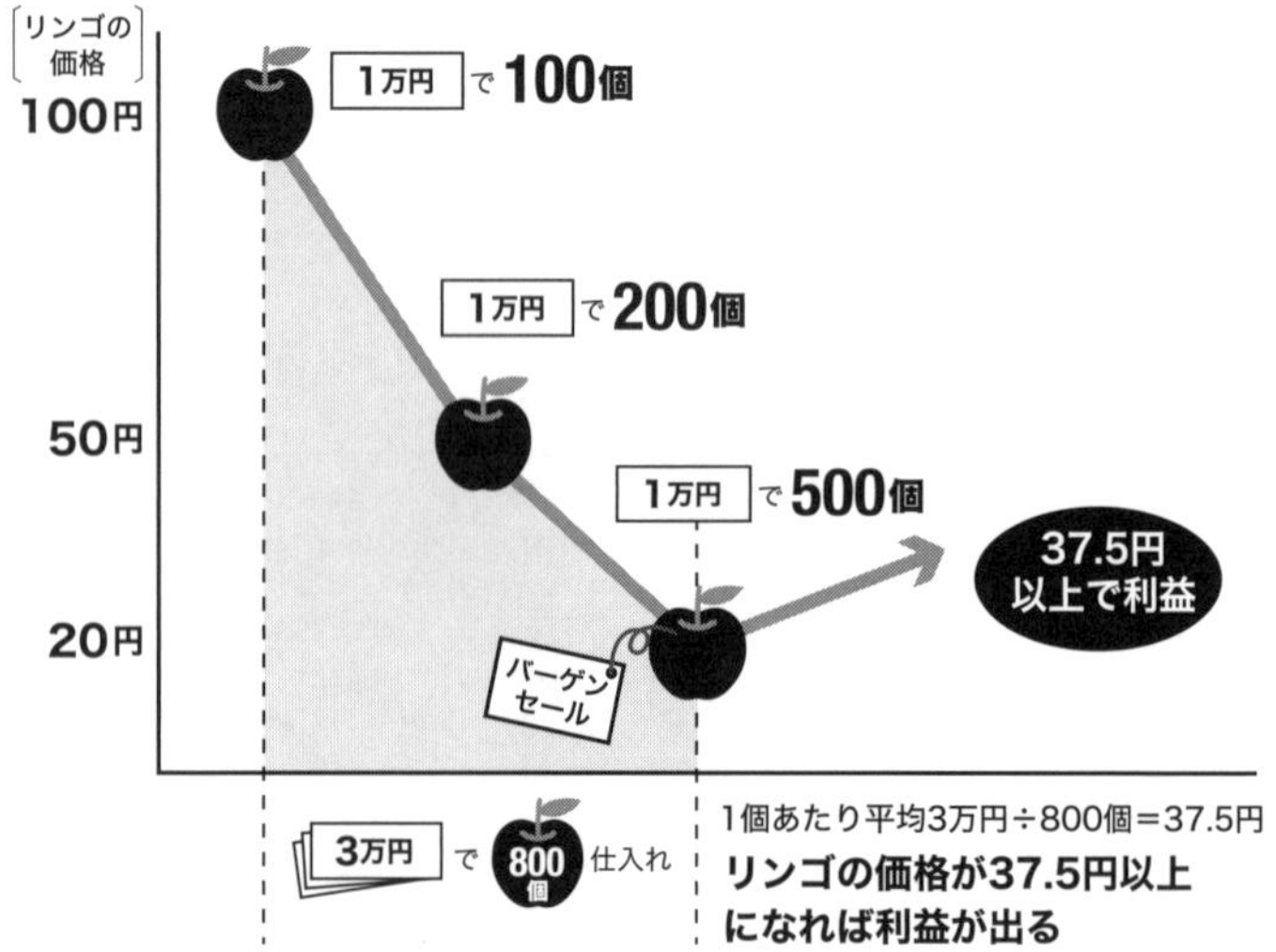

たとえば、あなたが「毎月1万円」の予算で、りんごを仕入れるとします。

1月は1個100円だったとします。そうすると100個買えますね。

2月は1個50円に暴落したので、買えた個数は200個に増えました。

3月には1個20円まで値下がりし、同じ1万円の予算で500個も買えました。

つまりあなたは、この3カ月の間に「3万円を出して800個のりんごを仕入れた」ことになります。

1個あたりの平均価格は、3万円÷800個＝37・5円となりますね。

そして、4月に1個40円に値上がりしたら？

そう、抱えていた在庫の800個を、1月～3月までの平均仕入れ価格より高く売ることができます。

元手が1万円×3カ月分＝3万円だったのに対し、
40円×800個＝3万2000円。3カ月で、2000円のプラスになりました。

違うケースも考えてみましょう。

「1個100円」だった1月に、3万円分のりんごを買ったとします。

この場合、買えるのはたったの300個。

そして、3月に「仕入れた在庫を売ろう」とした場合は……？

そうです。3月の価格は「1個20円」。

4月には少し戻って「1個40円」となりましたが、元の仕入れ価格「1個100円」に戻らないかぎりは、大きく損してしまいます。


こうして「積み立てで買う」「まとめて買う」という2つのケースをくらべてみると、積み立てのほうが得をしていることがわかると思います。

まとめて買ってしまうと、仕入れ価格より下がった場合は損するだけ。本当の底値で買えればいいのですが、値動きを見極めるのは容易ではありません。

対して、積み立ての場合は、価格が下がったとき＝たくさん買えるチャンス。いわば、バーゲンセールの状態です。

この「バーゲンセール」をはさむと、平均仕入額を低く抑えることができます。

そして、その平均価格よりも値上がりしたタイミングで売ればプラスになります。

もちろん、相場はつねに動きつづけるもの。誰にも完全に予想をすることはできません。それだけに、よりリスクの低い方法として「積み立てで買う」ことを選ぶべきなのです。

このように、**定額で同じ株や投資信託、外貨などを買いつづけることを「ドルコスト平均法」といいます**。もともとは外貨を安定的に仕入れるために生み出された手法ですが、株や投資信託でも同じように考えられています。

ドルコスト平均法のいい点は、暴落もポジティブに捉えられるところです。

相場が下がったときには「たくさん買える、バーゲンセールがやって来た！」。逆に相場が上がったときは「少ししか買えないけど、高値でつかまされなくて済んだ」。いってみれば、相場の上下に気持ちを乱されずに済むのです。

「投資家はつねに相場を気にしている」というイメージをもっていた人は、少し拍子抜けするかもしれませんね。ですが、それはギャンブルのように攻める投資家の話。私たち「がんばらない投資家」は、相場価格が下がっても「バーゲンセールでたくさん買える」と、落ち着いて構えていられます。

１００万円の元手があるなら、１万円を１００回、もしくは2万円を50回。

「一定額を積み立てる」という考え方には、銀行の「自動積立定期預金」（毎月決まった日に、決まった金額を普通預金から積み立てるもの）も当てはまりますが、利率が固定のものに対しては、ドルコスト平均法のメリットはありません。値段が上下する投資商品に対してこそ、威力を発揮するのです。

よって「お金を育てる」なら、投資に目を向けるのが断然おすすめ。

月1～2万円程度なら「おこづかいの一部を投資に回す」やり方も現実的だと思います。

STEP1 ③ 確定拠出年金に加入する

■確定拠出年金（日本版401k）とは？

「インデックスファンドをドルコスト平均法でこつこつ増やす」

この本を手に取る前のあなたなら、おそらく「何のこと？」と思っていたことでしょう。ここまで理解できていれば、あなたも立派な投資家です。

日本企業の平均株価に投資する「日経225」や「TOPIXインデックス」、外国の優良企業を集めた「MSCIコクサイ」といったインデックスファンドに5年、

10年……無理のない金額で積み立てて投資すれば、銀行に預けるよりもずっと効率的な資産づくりが可能となります。

それでも「相場は暴落することがある」「やっぱり怖い」と思いますか？

相場の大暴落といえば、2008年に起きたリーマンショックが記憶に新しいですよね。

たしかに、リーマンショックで大損してしまった投資家はたくさんいますし、今後も同じような暴落が起きることはあるでしょう。

ただし、リーマンショックで大損したのは、一括投資していて、大暴落後に慌てて売ってしまった人。それに対し、ドルコスト平均法でアメリカの投資信託（NYダウやS&P500など）をコツコツ買っていた人にとっては、リーマンショックが逆に「大々的なバーゲンセール」となったのです。

その後、アメリカ株価は復活し、現在はリーマンショック前よりも上がっています。

ということは……そう「安いときに大量に買って、高くなったら売る」ことができた。つまり、リーマンショックを機に大儲けできたのです。

ただ、本章の冒頭では「老後の資金は1億円」という計算をしました。この金額までは、５年や10年ではなかなかたどりつけなさそうです。
また、ここまでお読みいただいて「これだけ簡単なら、もう一段階進めてみたい」と思う人もいるでしょう。

そこで、**次に注目したいのが「確定拠出年金」**です。

確定拠出年金とは、国民年金、厚生年金、企業年金や共済年金に上積みできる「自分で運用する年金」のこと。

毎月掛金を積み立てて、60歳になった時点の資産残高を、年金または一時金として受け取ることができるというシステムで、運用しだいで受取額に大きな差が出るという特徴があります。日本では２００１年にスタートしましたが、欧米では一般的な年金制度。アメリカで内国歳入法４０１条のｋ項目に基づくことから「日本版４０１ｋ」ともいわれています。

そして、ここからが本題。

この**確定拠出年金で、インデックスファンドを運用することができる**のです。

インデックスファンドは長く育てるほどリスクが少なくなる商品ですから、「積み立て型の年金」とは相性がとてもいい。つまり「がんばらない」投資を始めるなら、いっそ年金として積み立てましょう！　ということです。

■税金が安くなる？

確定拠出年金には、「企業型」（確定拠出年金制度を導入する会社に勤める人が対象）と「個人型」（確定拠出年金制度がなく、企業年金の対象でもない会社員や自営業の人。２０１７年1月からは公務員や専業主婦も対象）の２タイプがあり、どちらに属するかで掛け金の上限と用意される商品が異なります。

それ以外のルールは共通していて、大まかにいうと、

①リストのなかから投資商品をいくつか選ぶ
②全体で１００％になるように商品数と運用の割合を決める

ということになります。

運用商品は「預貯金」「保険」「国債」「国内株式」「海外株式」など10～20種類があり、全体で１００％になればどう組み合わせても大丈夫。

また、商品のラインナップには、多くの場合「海外の企業を集めたインデックスファンド」も入っています。日本の財政危機に対応できるよう、私としてはこうした商品にも注目してほしいところです。

たとえば、月々の掛け金は2万円。そのうち預貯金を30％、日本の投資信託を40％、海外の投資信託を30％……これで、計100％となりますね。

掛け金は人によって異なりますが、いくつかの商品に分散すれば、海外へ投資するのもぐっと身近になってきます。商品や運用の割合は何度でも見直しできるため、定期的に資産状況を確認しながら調整すればよいでしょう。

月々の積み立てとはいえ、いきなり年金を運用するなんて不安ですか？

もちろん、リスクの低いインデックスファンドを選んでも、元本保証ではありません。

ただ、長い年月をかけて積み立てていれば、途中に必ずチャンスがやってきます。チャンスとは、そう「暴落＝バーゲンセール」。

ここで「暴落した！」と慌てずに、こつこつ積み立てを続けていけば、いずれ景気が回復したときに大きな利益を生み出します。

さらに、制度の中身をよく見てみると、加入者のメリットは実に大きいのです。

まず企業型は、何といっても「会社の倒産」「給付金の引き下げ」についてのリスクが軽減できることです。

日本の財政状況を考えれば、退職金の用意を会社任せにするほうがよっぽど危ない。一部だけでも、自分の運用分を確保できるのは安心といえるでしょう。

「自分の年金を運用するのはこわい」「仕組みがよくわからない」といった理由で、預貯金などの元本保証型しか選ばない人も多いようですが、それではせっかくの制度を生かせません。

企業型なら証券会社を介する手間がなく、初心者向けのセミナーやインターネットなどのサポート体制も充実していますので、ぜひ投資商品に目を向けてほしいと思います。

個人型については、「税金が安くなる」という、大きな特典があります。

というのも、個人型の掛け金は全額が所得控除扱い。払った掛金に応じて、住民税と所得税が軽減されます。

たとえば、1年間の掛け金が50万円で、住民税と所得税をそれぞれ所得の10％納めていた人の場合は、その50万円に対して20％の税金（住民税と所得税）＝10万円が安くなるということです。

さらに個人型では、どれだけ利益が出ても非課税となります。株や投資信託で増えたお金には通常20％の税金がかかり、それを優遇した「ＮＩＳＡ」（小額投資非課税制度）でも非課税期間は5年ですから、確定拠出年金を利用するほうが断然得をするのです。

この節税効果を考えると、個人型の確定拠出年金では「元本保証型の商品」を選ぶのもありです。なぜなら、元本保証型を選び、その掛金の20％分の税金が安くなれば「元本保証型の年利20％の商品」と考えることができるからです。

ただし、60歳まで解約ができない点には要注意。

非常に長い期間の積み立てとなりますから、その間のインフレや財政破綻のリスクを考える必要があります。よって、掛け金の設定は、あくまでも「生活に無理のない金額」にしておくことが大切です。

■ハイリターンの海外商品は、プロに選んでもらう

企業型の確定拠出年金は、社員ひとりひとりに専用の管理サイトが用意されています。あらかじめ配布された会員番号やパスワードを入力すれば、資産の残高や月々の掛金、商品情報などを見ることができ、運用の割合も管理サイト上で決定や変更ができます。

個人型の場合は、証券会社のラインナップから商品を選びます。お近くの証券会社でも申し込めますが、運用コストや税制のメリットを考えると、手数料の安いネット証券がやはりおすすめ。

インターネットで「確定拠出年金」「個人」「商品」と検索すれば、ズラリと商品情報が出ますので、「インデックスファンド」と名前がつく商品を比較検討してみてください。

また、個人型では「海外の金融機関で加入する」という選択肢もあります。

確定拠出年金（４０１ｋ）の仕組みは日本とほぼ変わりませんが、メリットはさらに大きくなります。海外の確定拠出年金のメリットとしては、

①商品の数が圧倒的に多く、成績のよい商品も多い
②60歳よりも早く現金化できる

③どの投資信託がよいのか、運用のプロに選んでもらえる

順に説明していきましょう。

まずは①の「商品の数と成績」。イギリスなどの海外では「老後の資金は自分で準備する」という意識が高く、確定拠出年金のラインナップも豊富です。月々数万円の積み立てで買える商品に「単品で買えば最低投資額1000万円超、平均リターン20%」というようなケタ違いの商品が入っていることもあるため、日本よりもずっとハイペースな資産づくりが可能となります。

②の「早く現金化できる」については、海外の確定拠出年金は、はじめの数年が過ぎれば「一部解約ができて現金化できる」ものが一般的だからです。「子供の大学進学の費用に使いたい」など、60歳になる前に大きなお金が必要になった場合に助かるシステムです。

ただし、メリットが多いとはいえ、海外の金融機関で投資商品を選ぶのは難しいもの。そんなときに頼れるのが③の「運用のプロ」です。

海外では公的年金への依存度が低く、個人型の確定拠出年金に加入するのが一般的。

とはいえ、いい商品を見分けるのは大変だし、運用状況に一喜一憂するのもできれば避けたい。そんな事情から、投資のアドバイスをしてくれる「投資顧問会社」が多くあり、商品選びを委託できるのです。

投資顧問会社に商品選びを委託すると、運用の専門家が世界の経済をつねにチェックし、状況に応じて投資信託を選んだり、組み替えたりしてくれます。

もちろん、自分で選ぶのが楽しい人はそれでよいのですが、「プロに委託できる」という選択肢が増える点は、やはり魅力だと思います。

海外の投資顧問会社でも、日本語でサポートしてくれる会社はたくさんありますから、「海外」「積立」「年金プラン」などのワード検索で探してみてくださいね。


また「海外の投資商品」というと、「海外の証券口座や銀行口座を作る必要があるのでは？」という質問もよく受けるのですが、実は、クレジットカードの引き落しで積み立てられます。ですから、始めてしまえばこちらも「がんばらない」投資法。

第2章の「お金の守り方」では「クレジットカードはなるべく使わない」と話しましたが、毎月の掛け金が決まっている積み立てなら「固定費」と見なして、カード払いにしてもいいでしょう。

■金融危機に強い投資信託「ヘッジファンド」

景気にかかわらずリターンを出せる、そんな夢のような投資信託を「ヘッジファンド」といいます。ヘッジファンドの特徴は、自分の持っていない株を証券会社から借りて売り、安くなったら買い戻して返済すること。

「借りたものを売ってしまう」なんて、ちょっとびっくりしますよね。

ですが、安いときに買い戻せば、借りたときよりも多くの株が買えるわけです。もともとは何も持っていなかった、空っぽだった状態なのに、返済をしてもリターンが出る。このことから、日本では「空売り」ともよばれています。

ヘッジ（headge＝避ける）という言葉のとおり、ヘッジファンドとは「リスク回避」に特化した投資信託。相場が下がったときの資産の目減りを避けるために生まれました。リーマンショックで世間の株が30％も下がっていたとき、逆に30％以上のリターンを出したものもあるぐらい強い商品なのですが、残念ながら日本では最低投資額が非常に高く、個人ではなかなか手が出せません。

ところが、海外の確定拠出年金では、なんとこのヘッジファンドまでラインナップに入っているのです。

つまり、通常なら「大金持ち専用」で、一般の投資家には縁のないような優良商品に、無理のない金額で投資できるということ。単品で買えば最低投資額が１０００万円以上のところを、月々３～５万円程度の積み立てで投資できるなんて、すごく得した気分になりませんか？

■不動産の投資信託、為替の投資信託

通常の投資信託は、「株」や「債券」に分散投資されていますが、「不動産」や「為替」の投資信託というものもあります。不動産ならマンションのオーナー、為替ならFX……というように、自分で売買している投資家も多いですが**「がんばらない」投資法を実践したい人なら、プロに任せる選択がおすすめ**です。

不動産の投資信託は、「Real Estate Investment Trust」（不動産投資信託）の略称で「REIT」（リート）と呼ばれています。

仕組みは一般的な投資信託とほぼ同じで、投資家たちから集めた資金で不動産を複

数購入し、その賃貸収入や売買益を投資家に分配するというもの。どの不動産を買うかについては、ファンドマネージャーにあたる「不動産のプロ」が選んでくれるので、個人で不動産オーナーになるよりもずっと低コスト、低リスクといえます。

日本にも、日本の法律に合わせた「J-REIT」という不動産投資信託がありますが、日本の不動産は現在がすでにピーク。これからの資産づくりを考える人には、やはり海外の不動産をおすすめします。

為替の投資信託というのは、プロのトレーダーに運用をしてもらうということ。

為替のいいところは、円高でも円安でも、為替に動きさえあれば、その差額で利益を出すことができる点です。つまり、ヘッジファンドのように景気の影響を受けにくいといえるのですが、為替の値動きを見極めるのは、素人には非常に難しいもの。

そこでプロの力を借りたいのですが、直接プロトレーダーにお金を預けるのはトラブルのもと。もしも相手に悪意があれば「持ち逃げ」「自分の意思で出金できない」などのリスクもあるからです。

では、どうすればいいかというと、証券会社に自分名義の証券口座を開設し、そこに運用資金を入金します。そして、その資金の運用をプロトレーダーに任せるのです。

そうすれば、入出金ができるのは自分だけとなります。プロトレーダーは「為替の注文」を指示することはできますが、お金を引き出すことはできません。

また、証券会社には「分別管理」という仕組みがあることも知っておきたいところです。これは、証券会社が「お客さんから預かったお金」と「会社のお金」を明確に分けて管理するというもの。よって、万が一証券会社が破綻しても、顧客の資金

自分の口座のトレードを専門家に任せる仕組み

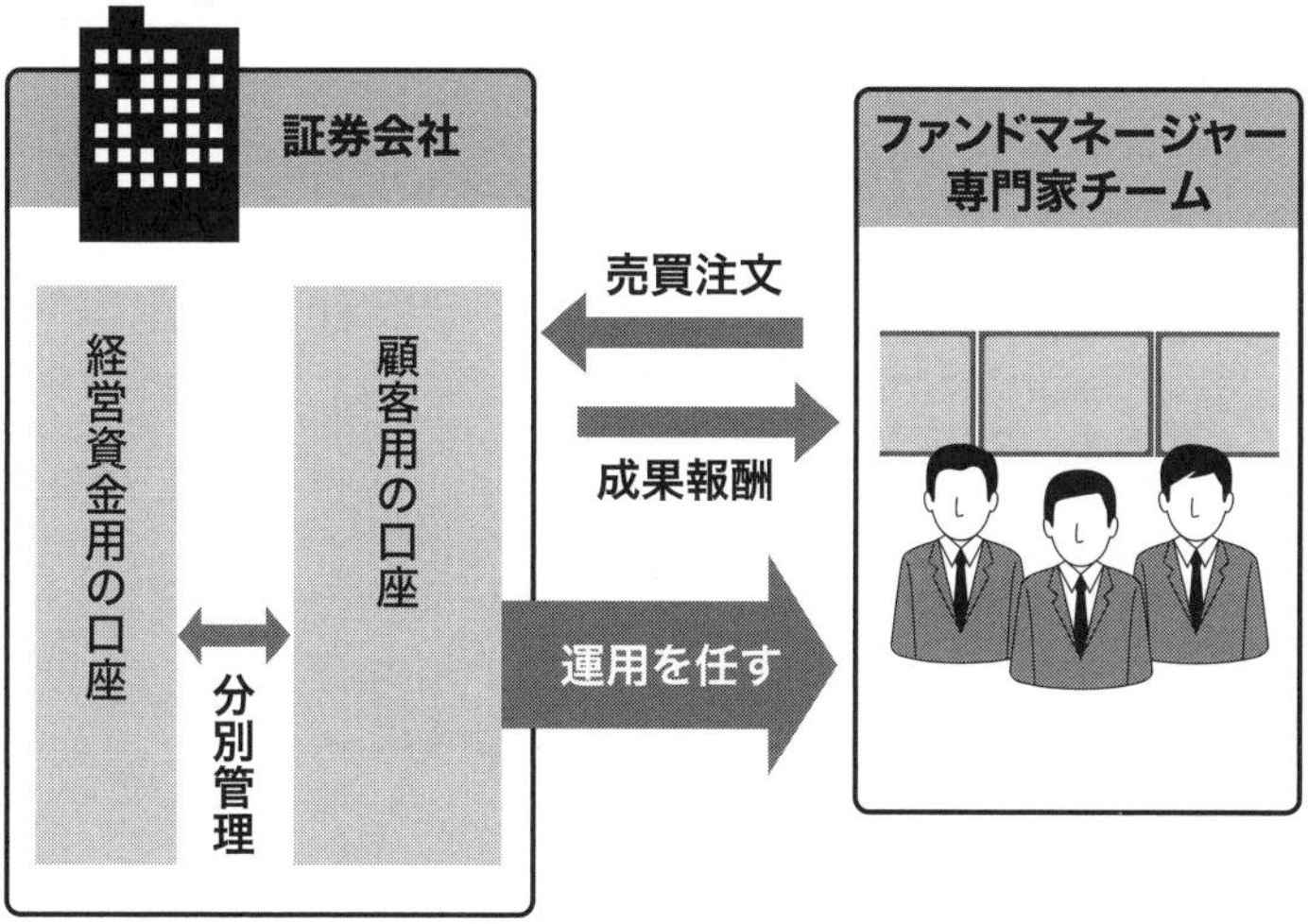

は守られるというわけです。

ですから「自分名義の証券口座のお金をプロトレーダーに運用してもらう」というのは、**証券会社の安全性を確保しながら、プロトレーダーの能力を借りられるという一石二鳥の方法**なのです。

STEP1 ④ 海外の保険を検討する

日本にくらべると、海外の保険は同じような保障でも「掛け金が安い」「利回りが高い」ということがよくあります。

例として、学資保険を比較してみましょう。

学資保険とは、子供の大学進学のための学費を早いうちから貯めていく保険のこと。月々の掛け金を積み立てて保険会社に運用してもらうシステムで、子供が18歳になるまで掛けることができる点は、日本、海外ともに同じです。

日本の学資保険の場合は、18年かけて、よくてもリターンがプラス9％程度。年利に直すと0・5％、銀行の金利よりはましな利息といえますが、もしも「18年後に物価が10％上がっていた」場合は、実質目減りしてしまいます。

一方、同じ加入期間、同じ受取金額を設定したとして、シンガポールの学資保険はリターンがプラス60％を越えます。日本の6倍以上の利回りです。

これを年利になおすと、3～4％です。シンガポールドル建てになるので、満期を迎えて円に戻すときに為替の影響を受けますが、プラス60％もリターンがあれば、為替が多少動いても十分な利益を得られます。さらに円安になっていた場合は、利回りに加えて為替差益も発生します。

このように、海外の保険であれば「資産づくり」の一環としても有効なのですが、日本に支店のない保険会社が、日本国内で保険商品を売ることは禁じられています。

そのため、日本に住んでいる人が海外の保険に入るには、自ら現地へ足を運んで申し込むなど、いくつかの条件をクリアする必要があります。これほど面倒な手間がかかるのは、日本の保険会社を守るため。ただし、たとえば転勤で海外赴任となった場合など「日本の非居住者」になれば、こうした制限なしに加入することができます。

そして、加入後であれば、どの国に住もうとも保険の契約は続けることができますし、満期を迎えたときにどこの銀行に送金してもらうかも決められるのです。

ですから、海外転勤の可能性がある人は、海外の保険に入るチャンスもあるということ。

とくにシンガポールやイギリス、香港、アメリカには優良な保険がたくさんありますので、これらの国へ転勤する、またはその可能性がある人は「現地で保険に入る」ということも検討してみてください。

STEP 2 複利でじっくり、大きく育てる

■雪だるま式にお金が増える！

「複利は20世紀最大の発見である」

これは、かの天才科学者・アインシュタイン博士の言葉です。

複利とは「増えた利息にも利息がつく」ということ。そして、この複利を使うことで、あなたの資産がじっくり、そして大きく成長していくのです。

たとえば、１００万円が年利10％で運用されたとします。

すると2年目には、10万円の利息がついて１１０万円になりますね。

そして3年目では、利息も含めた「110万円」に「10％の利息」がつく。

つまり、110万円＋11万円＝121万円となります。

さらに4年目には、121万円に10％の利息がついて、133万1000円となり、……なんと、25年後には約1000万円になります。

こうして徐々に、利息の幅が増えていくのが「複利」のすごさ。はじめの数年はそれほど伸びを感じないものの、5年、10年と運用していくと爆発的に資産が成長します。

この様子はしばしば「プラスの雪だるま式」と表現されることもありますが、大切なのは「増えた分」を取り崩さないことです。

というのも、雪だるま式に増えるのは、増えた分をそのまま運用するから。増えた分をそのつど取り崩していたら、いつまでたってもお金は増えません。

ですから、**複利を活かすには、ある程度長期的な運用をすること。**

子供の学費や老後の資金など「将来必要となるお金」の準備を目的に、大きな木を育てるような気持ちでのぞんでほしいと思います。

女性査察官と脱税者との闘いを描いた伊丹十三監督の映画『マルサの女』に、ある

◎元本100万円　年利10%と仮定

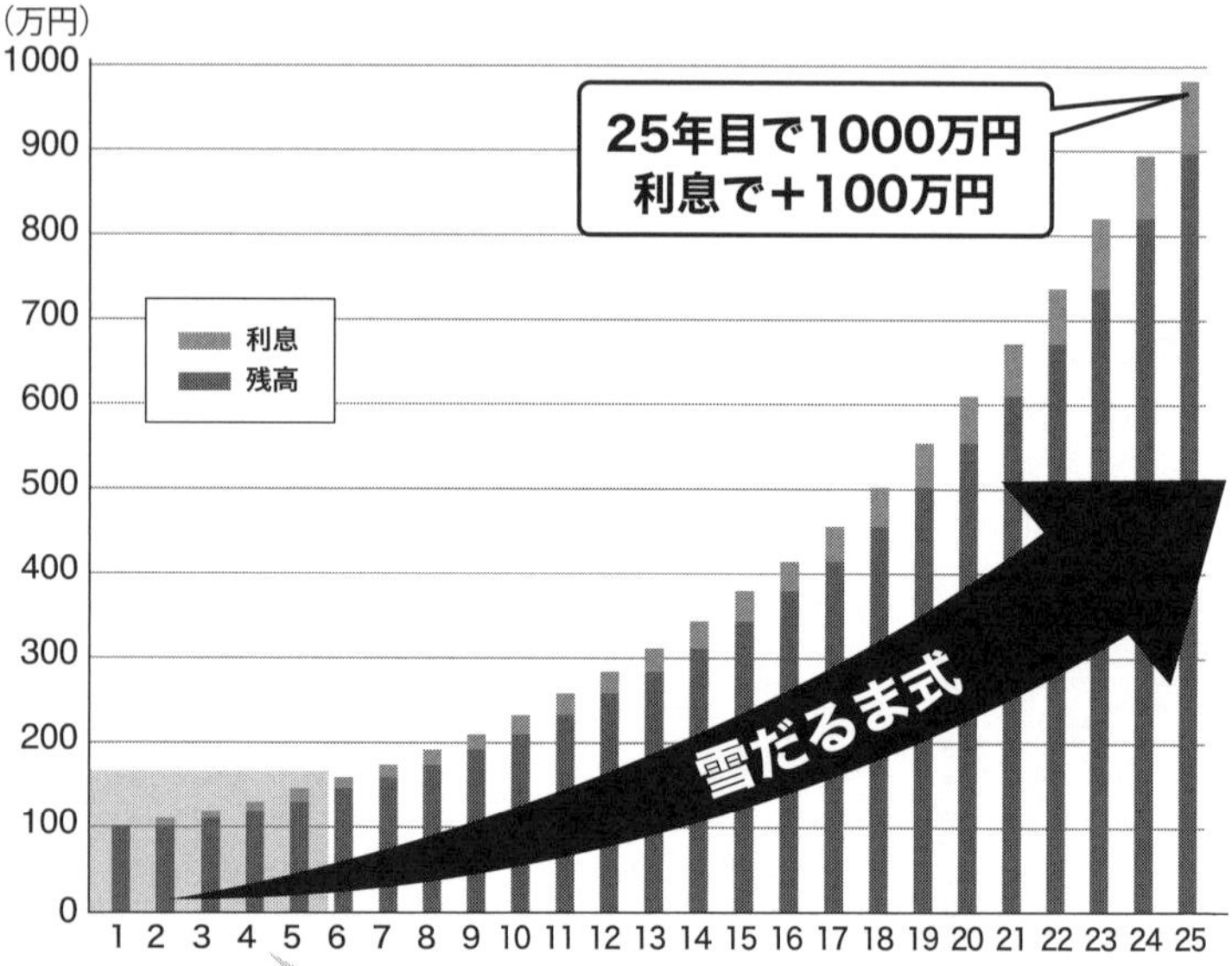

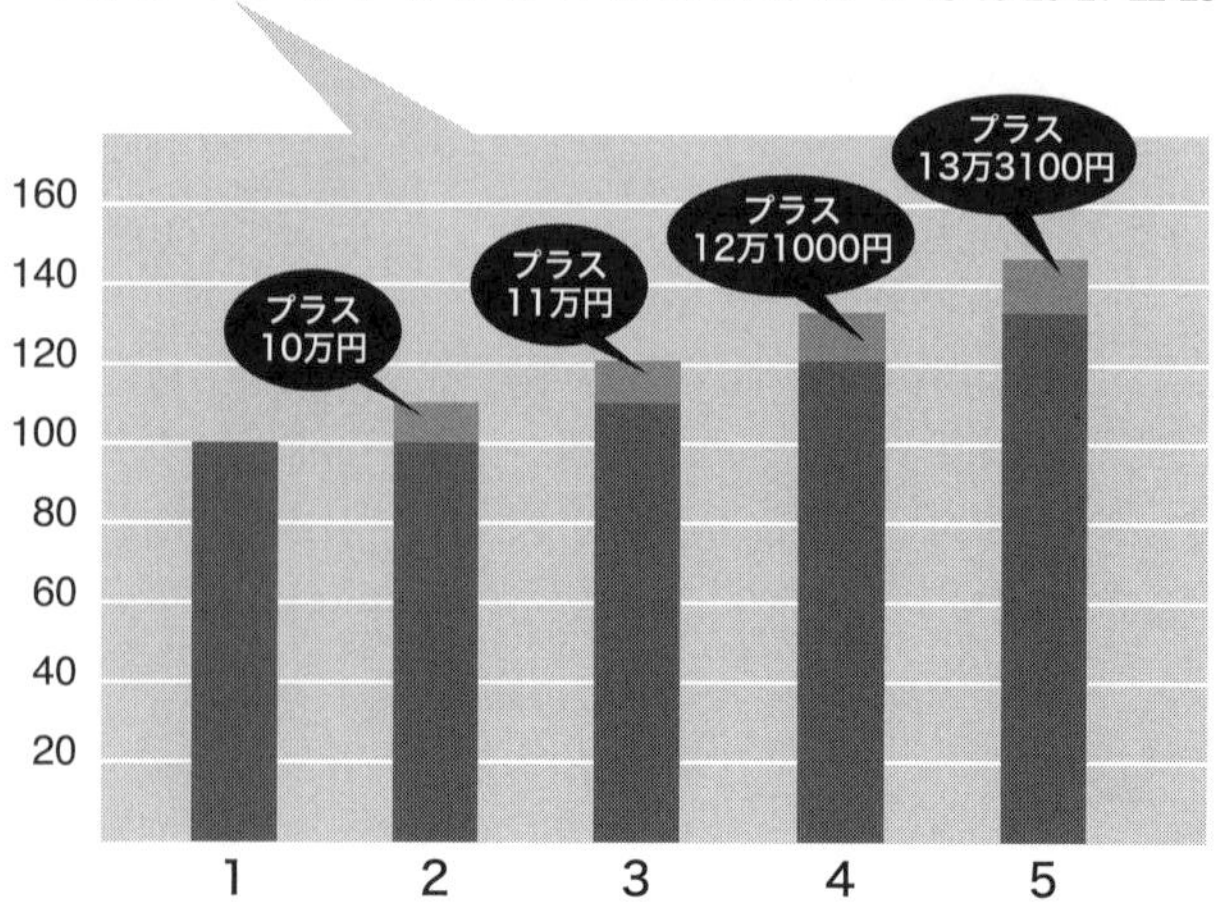

大金持ちのこんなセリフがあります。

「自分たちはどんなに喉が渇いていても、コップのなかの水には手をつけない。コップに水がいっぱいになって、やがてコップからあふれ出してきたとき、ようやくそのこぼれた水をなめるんだ」

資産づくりの極意がこのセリフには詰め込まれています。

■金利の高い国の定期預金

複利の計算は非常に複雑なのですが、これを誰でもできるようにした計算式があります。それが、複利運用で元本が2倍になるまでの年数を計算できる「72の法則」です。


「72の法則」

72÷年利＝元本が2倍になるまでの年数

たとえば、年利3％で複利運用すると、72÷3％＝24年。2倍になるまで24年かかるということです。

同様に、年利6％なら、72÷6％＝12年。年利9％なら、72÷9％＝8年です。

「年利が6％や9％なんて、現実的ではない」と思いましたか？

たしかに、現在の日本の金利は、わずか0・02％。

複利運用で2倍になるには、72÷0・02％＝3600年になります。

いまから3600年前というと、紀元前15世紀の縄文時代。その頃に預けたお金が、いまやっと2倍になったということです。何と気の遠くなる話でしょう……。

ですが、海外に目を向ければ、高金利の国というのはたくさんあります。

2015年現在で具体例をあげると、

モンゴル 15％
ブラジル　14％
ベトナム 12％
トルコ　7％
オーストラリア　2％

と、いったところでしょうか。

このなかから、年利15％のモンゴルを選び、銀行にお金を預けることにしましょう。

そして月々4万円を25年間積み立てた場合、元本は4万円×12カ月×25年＝1200万円となります。

これが年利15％で複利運用されたたら？

「72の法則」で計算すると、元本が2倍になるまでは、72÷15％＝4・8年。

そしてこのペースで運用すると、何と25年後には1億1054万円になるのです。

しかし欠点として、25年もの期間と

◎毎月4万円×25年　年利15％と仮定

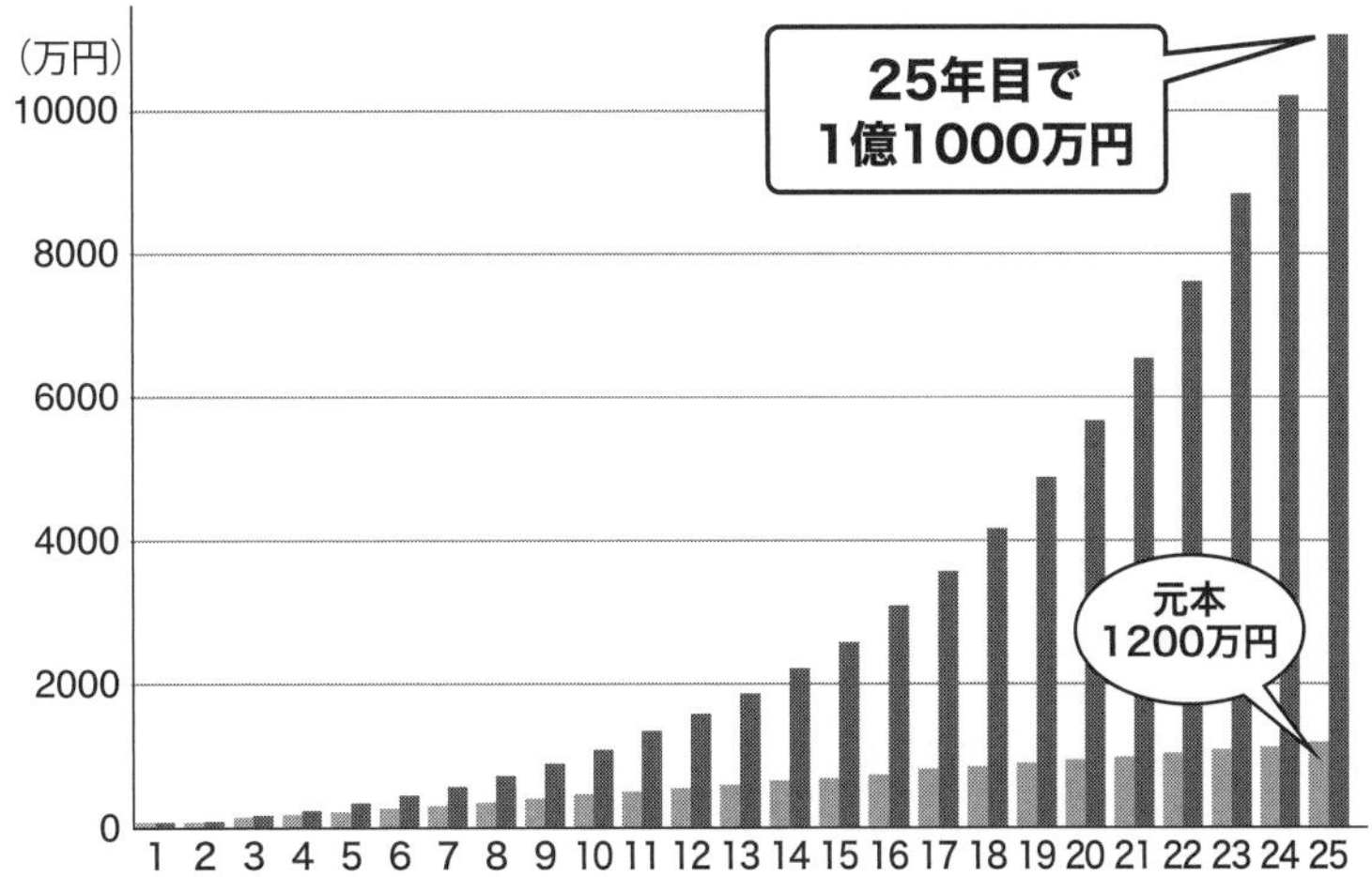

なると、モンゴルの年利が変わる可能性は大いにあります。そもそも「金利が高い国」とは、

- **経済発展の最中**
- **人口が急増中**
- **インフレが起きている**

という国です。日本でも１９８０年ごろは郵便局の定期預金で年利10％を超えていましたが、その後、経済成長は頭打ちとなり、どんどん金利が下がっていきました。今後はモンゴルやブラジルも、かつての日本と同じ道をたどると思われますが、そのスピードを予想するのは至難の業《わざ》です。

ただし、ここでのポイントは**「金利が高い国は、入れ替わるもの」と心得ること**。その入れ替わりに伴って「金利が高い国の定期預金」を転々としていけば、複利の力で「小さな元手で大きな資産をつくる」ことが可能となります。

また、経済が発展すれば金利は下がっていきますが、これはデメリットとは言い切

れません。というのも、経済が発展すれば、その国の通貨が強くなるから。これによって相対的に円安となり、金利以上に為替の差益も見込めるようになるのです。

■複数の通貨を持てる銀行口座

「金利が下がったら、高い国に預け替える」。この方法でお金を育てる場合、作っておきたい口座があります。

それは、**ひとつの口座で複数の通貨を持てる「マルチカレンシー」といわれる銀行口座。**これさえ作ってしまえば、簡単に通貨の両替ができるのです。

取り扱う通貨には限りがありますが、米ドル、オーストラリアドル、ニュージーランドドル、カナダドル、香港ドル、ポンド、ユーロ、スイスフラン、南アフリカランドなど、10種類前後の通貨に対応。いつでも好きな通貨に両替ができるので、世界の金利バランスを見て、つねに「強い通貨」を持ちつづけることができます。

しかも、ネットバンキングで即座に両替が可能なので、日本にいながらにして、簡単に通貨の分散ができます。

こうした口座を作れるのは、日本展開している外資系銀行。また、香港やシンガポールの銀行にも、マルチカレンシー口座を作ってくれるところがあります。投資目線ではもちろん、海外出張や旅行の際にも便利な口座ですので、ぜひ検討してみてください。

■複利と単利の違いとは？

投資信託には、「複利」に対して「単利」といわれるものもあります。

単利の投資信託とは、ひとことでいえば「毎月分配型」。

つまり、毎月配当を出して取り崩していくものです。

ですから「すでに大きな資産を運用していて、毎月収入がほしい場合」はいいのですが、子供の学費や老後の資産をつくる……など「これから資産を育てたい」という人は、単利ではなく、複利の投資信託を選びましょう。

世界全体で見れば、人口と経済は今後も成長しつづける傾向にあります。

リーマンショックのような株価の暴落が起きても、長い目で見れば右肩上がり。金融危機が起きてもしばらくすれば回復するということは、過去の歴史が実証しています。

ということは、毎月一定金額を積み立てる「ドルコスト平均法」は、今後も資産形成のうえで有利な方法といえるでしょう。月々の積み立て額は少額でも、10年、20年と続けていけば、複利効果で「老後の資金に1億円」を貯めることも夢ではありません。

ちなみに、私が知っている人では「貯金1億円」を15年で達成した人がいます。普通のサラリーマンの方でしたが、中国が急成長したときには年利が15%ほどアップして、急速に資産が増えていったのです。

また、ヘッジファンドや為替の投資信託を使えば、そもそも景気に関係なく複利運用されることも覚えておきたいところです。ある程度まとまった資金がつくれたら、一部をこうした投資にまわすというのもひとつの手です。

STEP 3 経済的自由を手に入れる

■お金の価値はつねに変わるもの

これまでお話ししたように、サラリーマンやOLでも「老後の資金に1億円」を貯めるのは、けっして不可能ではありません。

老後の資金をつくる第一歩は、最初にお金の無駄を見直して貯めた100万円。これを海外の銀行、保険、投資信託などを使い、複利でじっくりと育てていきましょう。そうすると、1億円までいかなくても、退職までに数千万円の資金はつくれるはず。

けれども、お金の価値はつねに変わるもの。

株価の暴落、財政の破綻が、いつどこで起こるかは誰にもわかりません。いくらお金を持っていても、経済的な不安はついてまわるのです。

ですが、ちゃんと打つ手はあります。それは**「育てたお金を分散すること」**。

銀行の預金にしても、投資商品にしても「ひとつに集中させる」ことにはリスクがあります。ですから、いろいろな国の通貨、不動産や国債にまんべんなく分け、守りをがっちり固めるのです。

そこまですれば、何が起きても大丈夫。

お金の心配がずっといらない「経済的自由」が、あなたのものになるのです。

STEP3 ① 海外の不動産を検討する

■不動産は、紙切れになる心配のない投資商品

不動産に関しては、本章の「1億円をどう貯める?」で、まとまった資産ができたら検討しようとお話ししました。

なぜなら、**借金してまで投資するのは危険だから。**できるかぎり、現金で買うことをおすすめします。不動産を現金で買う場合と、ローンで買う場合。この2つのケースは「高速道路で同じ目的地を目指す場合」に例えることができます。

現金で買うのは、時速80キロメートルの安全運転。

ローンで買うのは、時速200キロメートルの猛スピード。

もちろん、何事もなければ、猛スピードの方が早く目的地に到着します。けれども、時速200キロメートルも出していれば、ほんの一瞬のハンドルミスが命取り。借りたお金で不動産投資するというのは、つまり「ほんの少しのミスが取り返しのつかない事故を引き起こす」ということなのです。私の知り合いで成功している不動産オーナーは、何億円の不動産でも借金せずに買っています。時間はかかりますが、そのほうが安全だからです。

ただし、不動産は価値がゼロになることがありません。価格が上下することはあっ

ても、株のように「ただの紙切れ」となるリスクはないので、ある程度の資産ができたら、一部を不動産として持っておくのは「資産を守る」点では正解です。

注意しておく点としては、この先人口減となる日本では、不動産投資は厳しいということ。地震や津波などのリスクも無視できません。

もちろん、なかには優良な不動産もありますが、そうした物件は不動産業者が素早く押さえてしまうか、お得意先のお金持ちに紹介します。ですから、日本の不動産を買うなら相当勉強して、不動産会社と太いコネクションをもつことが必要となります。

■海外の不動産なら、新興国か、先進国か？

とはいえ、それもなかなか難しいでしょう。私は、海外の不動産のほうがよほど簡単に、いいものが手に入ると考えています。

なぜなら「不動産価値の高い国も、入れ替わるもの」だから。銀行のケースと同様に、人口が増えていて、経済成長まっただなかの国を探して不動産を買えばいいのです。

となると、まず思いつくのは新興国です。

なかでもフィリピンやマレーシアは日本で人気が高いといわれていますが、実はもう、この2カ国の経済成長は昔にくらべて緩やかになっています。10年前に投資していれば何倍かになっていたのですが、今から買っても大幅な値上がりは期待できません。

次に目を向けるとすれば、アジアではミャンマーとカンボジア。

この先どれだけ成長するかは未知数で、もちろんリスクもありますが、「どうなるかわからない」と思われている国こそ可能性が高いのです。

ただし、新興国に投資するのは、やはり「賭け」といえます。

ある程度のリスクを取れる人にはよいですが、私たち「がんばらない投資家」にはあまり向きません。

そこで注目したいのが、人口の増えている先進国の、とりわけ都心部。

先進国の不動産というと、価格が高いイメージがありますよね。ですが、高止まりしているのは安定している証拠。乱高下しないし、中長期で見るとどこもじわじわ上がっているため、将来的な値上げも見込めるのです。

たとえばイギリスのロンドン、ハワイのワイキキ、アメリカ本土の大都市。

こうした土地の不動産は、リーマンショックなどで一時期価格が下がってもすぐ持ち直し、長い目で見ると土地の値段は上がっています。

とはいえ、いきなり海外の不動産会社に問い合わせるのは勇気がいりますよね。

現地に知り合いがいれば、信頼できる不動産会社を紹介してもらうこともできますが、インターネットで調べるだけではどうしても不安。

ですから、ここでは日本の不動産会社を選ぶのもよいでしょう。日本の不動産会社でも、海外の物件を扱うところは多数あり、海外物件に特化した投資セミナーも頻繁に開催しています。現地の不動産会社から直接買うより手数料は高くなりがちですが、いい物件を見つけ、長期的にサポートしてもらう安心料と思えば、おすすめです。

ちなみに私は、イギリスの空港近くの駐車場を購入しました。シンガポールはイギリス領だった関係で、イギリスの不動産情報がよく入ってくるのですが、なかでもこの駐車場はシステムが独特でおもしろいのです。

まずめずらしいのは「1台分のスペース」から買えること。不動産会社が最初にまとまったスペースを買い上げ、それを一般の投資家に売るという方法です。

そうすると、入口に近いところや、停めやすいスペースから売れそうですよね？

ところが、その駐車場では入口で「何番に停めてください」とコンピューターが指定するので、どのスペースを買っても不公平にはならないのです。

価格は1スペースで約400万円。利回りは当初2年間は固定で8％なので、年間32万円の家賃収入が入ります。賃料はイギリスの不動産会社が回収するので、こちらはお金がポンドで振り込まれるのを待つだけです。

定期的な外貨収入があれば、この先、円の価値がさらに下がっても心配はいりません。つまり、**海外の先進国の不動産は、ラクしてリスクに備える「守りの戦略」**。日本でローンを組んで、借り手がつくかわからない不動産を買うよりも、ずっとリスクが低く、リターンも大きいといえます。

STEP3 ② 元本確保型の商品で、お金が減らないようにする

■元本確保型の商品とは？

不動産は価値がゼロにならず、海外の物件なら外貨収入を得られる点で「守りの戦略」といいましたが、育てた資産を分散する方法はまだあります。

考え方としては、**満期まで持てば元本が減らない「元本確保型」であること。**

そして、元本確保型の代表は「国債」や「社債」などの債券です。

国債や社債というのは、国や会社が発行し、満期を迎えれば元本と利息を保証する債券のこと。定期的に利子がつき、満期を迎えれば代金が返ってくる「リスクの低い金融商品」というお話は、第3章でしましたね。

海外の債券にも膨大な種類がありますが、知っておいてほしいのは「割引債」(ディスカウント債ともいいます)。割引というとおり「10万ドルのものを9万ドルで」といった、本来の額面よりも安く買える債券をさす言葉です。

割引債は、安く買うことができるかわりに、途中の利息は支払われません。しかし満期には額面どおりのお金が返ってくるため、「満期の額面－購入額＝収益」とシンプルに考えることができます。

証券会社にとっては儲けの少ない商品のため、店頭には情報がないことがほとんどですが、「海外の割引債を買いたい」と、問い合わせれば教えてくれます。

■米国&高格付けの金融機関の割引債は要チェック

割引債のなかでも、注目は米国債や、海外の大手金融機関の社債です。

というのも、国際的な信用が高いから。米国債は、いわずもがな「アメリカ政府」

への信頼で成り立っている商品で、米ドルが世界の基軸通貨であることからもリスクフリーの債券といわれています。

大手金融機関についても、バークレイズ、モルガン・スタンレー、ＪＰモルガンなど、国際的な格付けが高いところほど倒産のリスクは少なくなります。

ただし、これらの割引債は、発行体がつぶれないかぎり「確実にお金が増えて戻ってくる」ので人気が高く、最低投資額を高めにして線引きをはかることがよくあります。

そのため、不動産と同様「お金を育てている最中」には向かない商品なのですが、すでにまとまった資産を分散するには有効です。

タイミングによっては「10年満期で平均利回り７％」といった好条件の債券も見つかりますので、資産を分散する段階になったら、ぜひ検討してみてください。

何もしないリスク

「ここまでやるのはハードルが高いな」「投資を始めるにしても、国内の銀行や投資信託だけでもいいかな」と思う方も、たくさんいることでしょう。

もちろん、それでもいいのです。

今、重要なのは「何もしないリスク」を正しく理解すること。

自分のすべてのお金を日本の銀行に貯めておくだけでは、増税、インフレ、円安、預金封鎖などのリスクがあります。そして、老後の資産として1億円貯めようとすると貯金だけではなかなか追いつきません。

小さくてもいいのです。これまで読んできたなかで何かひとつ「これならできそう」と思うものを行動に移してみてください。

そして、お金の出入りをきっちり見つめなおしましょう。

ただそれだけで、毎日のニュースやお給料の明細、預金通帳の残高などを見る目が変わってきます。

ひとつひとつは小さなことでも、しっかりと「あなたのお金の育て方」に影響してくるはずです。

お金が少ないときは「複利」でじっくり時間をかけて大きく育てる。

まとまった資産ができたら、不動産や債券などの「守りの戦略」で分散する。

海外か国内か、目標額はどうするかにかかわらず、資産づくりのコツはこれだけです。

けれども、お金持ちが利息生活を送れるのは、このコツを知っているから。

そして、ここまでお読みいただけば、あなたも「お金をどう育てるか」「育てたお金をどう守るか」を、イメージすることができるはず。

そのイメージを実行に移すには、さすがに少しドキドキしますか？

よくわかります。初めて自分のお金で投資するのは、我が子を旅に出すようなもの。旅先で何かトラブルにあわないか、無事に戻ってきてくれるか、やっぱり少し心配ですよね。

けれども、大切なお金だからこそ、投資という旅に出すのです。

山あり谷あり、ときには落ち込むこともありますが、長い目で見守れば、いっそう大きくなってあなたのもとへ戻ってくるはず。

そう考えると、ドキドキがワクワクに変わりませんか？

あんなに遠かった「1億円」という金額が「自分が手にできるもの」としてイメージできているあなたももうここにいるはずです。

あとはもう、一歩を踏み出すだけ。

あなたの大切なお金が、あなたの夢をどんどんかなえてくれますよ！

第4章まとめ

◎海外の金融機関の口座も、日本にいながら作ることができる

◎手数料の少ないインデックスファンドはおすすめ

◎確定拠出年金は積極的に利用するべし

◎お金が少ないうちは複利でじっくり、そして大きく育てる

◎資産が育てば「守りの戦略」。不動産や債券などに分散する

終章

あなたの人生、今からもっと自由になります！

何のために投資を始めるのですか？

最後の章もクイズで始めましょう。財政破綻に関するクイズです。

「1990年代、ロシアでは深刻な財政破綻が起きました。ロシア通貨のルーブルは大暴落。それを受けて物価は急上昇しました。では、財政破綻前に、日本円にして100円で買えていたパンは、いったいいくらになったでしょうか？」

①1800円
②1万8000円
③18万円

通貨が下落するというのは、ものの値段が安くなることではなく「その通貨の価値が下がる」ということです。

財政破綻をする前は100円で買えていたパンが、150円や200円出しても買えなくなる。この程度ならまだいいのですが「大暴落」となれば物価への影響はさらに大きくなります。

さらに、食料品など「みんなが買いたいもの」には需要が殺到しますから、「500円出してもいい」「1000円出すからたくさん売って！」という人もあらわれて、物価はどんどん上昇してしまうのです。この状態を、ハイパーインフレといいます。

1990年代のロシアの財政破綻では、何と物価が1800倍に跳ね上がりました。ですから正解は③、100円×1800＝18万円。

ハイパーインフレがピークのときは、驚くことに「1週間分の食糧」と「家1軒」が物々交換されていたといいます。

そのため、資産をルーブルのみで持っていた人たちは大変な生活苦に陥りましたが、資産の一部を国外に分散して持っていた人は難を逃れることができたのです。

さらに彼らは、その国外の外貨を使って、財政破綻の影響で激安となった「株」や「不動産」、「自国通貨のルーブル」を買いました。それによって、ロシア経済が盛り返したときに一気に大金持ちとなったのです。

ここまでは、投資に関するハードルがひとつひとつ下がるよう、さまざまな角度からお話をしてきました。

最初は「投資は怖い」「興味はあるけど、損するのは嫌」と思っていたあなたが、

「投資って、別に怖いものではないんだ」

「むしろこれからの時代は、必要なものなんだな」

と、見方を少し変えてくれていたら、著者としてこんなにうれしいことはありません。

投資への偏見をなくし、最低限のルールを知ったその後は、いよいよあなた自身が投資家への第一歩を踏み出す番です。

が、ここで一度、立ち止まってみてください。

そして「何のために投資を始めるのか?」を、考えてみてほしいのです。

本物の安心と夢をかなえるため

私の場合、理由は2つありました。

ひとつは「本物の安心を手に入れるため」。

私は大学院を卒業後、大手メーカーに就職をしました。入社3年で年収1000万円に届くほどのお給料をもらっていたので、周囲からは「一生安泰」と思われていたことでしょう。しかし実際は土日も出勤、有給休暇も緊急時しか取れないほど仕事量が多く、心身ともにぼろぼろの状態でした。

しかも今は、どんな大企業でも倒産したり、リストラをする時代。近い将来に公的年金の財源も尽きるというから、年金に頼ることもできなくなる。

そんなプレッシャーとストレスに苛《さいな》まれるうち「本物の安心を手に入れるためには、自分で何とかするしかない」という気持ちが大きくなっていったのです。

2つめの理由は「夢をかなえるため」。

私の小学生の頃の夢は「宇宙飛行士になること」です。きっかけは、父親に連れて行ってもらった天体観測で星があまりにもきれいだったこと。

大人になるにつれ、「宇宙飛行士になるのは相当難しい」とわかってきましたが、宇宙旅行なら可能な時代になってきました。また、「世界中の素晴らしい景色を、自分の目で見てまわりたい！」と思うようになりました。

この本を書いている間にも、バリ、スペイン、ハワイなどへ行ってきましたが、とりわけ印象深かったのは、ハリウッド映画の出資者としてカンヌ映画祭に招待されたこと。

会社員時代には「セレブの世界」なんて自分は無縁だと思っていたのに、ほんの数年後に自分がタキシードを着て、関係者として出席することになるなんて……。

「人生とは何が起こるかわからないものだなあ」と、しみじみと自分の人生を振り返りました。

人生を変えるのは、行動

「本物の安心を手に入れるため」と「夢をかなえるため」。

この2つが私の投資へのモチベーションとなったわけですが、大切なことがもうひとつ。

それは「行動を起こした」ということです。

当たり前ですか？

でも実は、せっかく投資に興味をもったのに「お金の勉強」だけで満足してしまう人がたくさんいるのです。

いくら知識があっても、行動に移さなくてはお金は育ちません。

私が思い描いた未来に近づいているのも、証券口座を作ったり、セミナーへ参加したり、投資で成功している人に出会ったり……と、ひとつひとつ、学んだことを実行してきたからです。

もちろん私も、最初は少し勇気がいりました。

株の暴落で痛い目をみるなど、失敗だってありました。

けれども、自分の置かれている状況を冷静に考えてみると「勇気が出ない」「失敗したからもうやめた」なんて、いっている場合ではなかったのです。

心身の限界まで仕事漬けになりながら、将来は会社も国にも頼れない。せっかくの若

い時間をムダにしているという焦りもあって、

「一度きりの人生、もっと自由に思いどおりに生きてみたい」

「実際にそうして生きている人がいるんだから、方法はあるはずだ！」

そんな気持ちに突き動かされて、どんどん行動を積み重ねていったのです。

巻き込まれる側ではなく、救う側に

将来は会社にも国にも頼れない、日本が財政破綻することだって考えられる。

そんな理由から「海外にも資産を分散しましょう」とお話ししていると、

「みんなが大変なときに、自分だけ助かろうとするなんてけしからん！」

というお叱りを受けることがあります。

しかし、みんないっしょに悲惨な状況に巻き込まれるのが、果たしていいことなのでしょうか？

冒頭でお話ししたとおり、１９９０年代、ロシアでは財政破綻により物価が１８００

倍に跳ね上がりました。

これによってたくさんの人が職を失い、手持ちのお金もたちまち尽きて、食べ物が買えず路頭に迷ってしまいました。

万が一、日本でも財政破綻が起きて、このような状況になってしまったら……？

想像しただけで、ぞっとしますね。

でも、あなたが適切な対策をしていれば、難を逃れることができます。そして、あなたの家族や大切な人たちに、手を差し伸べることができるのです。

日本の財政破綻が起きるかどうかは誰にもわかりません。だからこそ、いつ起きてもいいようにしっかり備えることが大切だとお伝えしたいのです。

みんなでいっしょに巻き込まれるより、困っている人を助ける側になる。

そのほうが、ずっと日本のためになる……と、私は信じています。

また、日本が財政破綻したとしても、それはあくまで一時的なこと。

かつての日本が、財政破綻の後に高度経済成長を経験したように、今後破綻を迎えても、その先は必ず経済が復活するはずです。

そして、そのときリーダーシップを発揮して日本をよみがえらせるのは「グローバルな視点をもち、来たるべき日に備えていた人たち」だと思うのです。

情報への投資から始める

投資の入り口として、まずは「情報への投資」から始めてみるのもよいでしょう。

「情報なんて、インターネットを使えば、タダで手に入る」

そう考えている人も多いのですが、無料で手に入る情報とは「誰でも知り得ること」。つまり、秘匿性の高い良い情報や案件は手に入りません。

では、情報に投資するというのは、どういうことでしょうか?

本や雑誌、インターネットでも会員料金を払って読むような経済記事。「いい情報を知っている人」から知識を得るなど、身銭を切って情報をつかむのです。

私自身も、質の高い情報を得るために、いろいろな国に視察に行ったり、成功している投資家の話を聞きに行ったりしています。

こうして時間、労力、お金を投資して得た「質の高い情報」は、将来的に何倍ものリターンとなって返ってくるのです。

日本では「お金のための情報に、お金を払う」という文化はまだ浸透していませんが、それもそのはず、これまで投資に目を向ける人が少なかったから「情報」と「投資」が結びつかないのです。

けれども、お金持ちの間では**「情報こそ、お金を払って買うべきもの」**と考えられています。

いい情報を得たからといって、すぐにお金が増えるわけではないのですが、「将来的に大きなリターンを生む」とわかっているから、惜しみなく情報に投資するのです。

ですから、あなたもぜひ、積極的に情報に投資してみてください。

ただし、投資で失敗した人の経験談は、むしろあなたを混乱させるだけ。私の経験上、投資を踏みとどまりたいなら失敗した人の話を聞けばよいですが、成功したいなら成功している話を聞くことがもっとも役に立ちます。

自分の人生は自分で決める「決断自由人」

一度きりの人生、お金や時間に縛られずに、生き方は自分で自由に決める。

そんなライフスタイルを送る人を、私は「決断自由人」と表現しています。

もちろん、お金を求めつづければ際限がありませんので、どこかで「自分が満足できる収入や資産」を決めておく必要があります。

たとえば、「それほど贅沢をしなくてもいい」という人。

その場合は「年間500万円の収入が自動的に入ってくる仕組み」をつくれば、決断自由人になれます。投資、消費、浪費を理解し、無駄なものにお金を使わなければ、十分豊かに暮らせるでしょう。

そしてこの仕組みは、1億円の資産を年利5%で運用すれば、つくることができます。

1億円の資産をつくり、その運用収益だけで生活する。

それを「夢のような話」で終わらせてしまうか、目標に向かって行動を始めるかはあなた次第です。

でも、ここまで読んでくださったあなたなら「1億円の資産をつくることは夢じゃない」と、わかってくれたはず。

本書でお伝えしてきた「お金の守り方」「お金の育て方」は、決断自由人への第一歩。

何にも縛られない、振り回されない。人生の選択肢も無限大。

今、この瞬間から、あなたもこんなライフスタイルを目指しませんか?

新しい世界への扉は、すでにあなたの目の前にあります。その向こうにはきっと、思い描いた未来が待っていますよ!

あとがき

今、私はバリ島のホテルでこの「あとがき」を書いています。

バルコニーから見えるのは真っ青な海。その上ではパラセイリングで気持ちよさそうに人が飛んでいます。

科学技術の発達のおかげで、パソコンとインターネットがあれば、世界中どこにいてもこうして仕事ができる時代になりました。

そして私はお金について学び、実践してきたことで時間や場所に縛られない生活が送れるようになりました。

私自身、10年前には想像もしていなかったことです。

こんな幸せな未来への扉を開けてくれたのは、たった1冊の本、ロバート・キヨサキの『金持ち父さん、貧乏父さん』との出会いでした。

あなたにとって本書がそんなきっかけになれば、著者としてこれほどの幸せはありません。

本書のなかで気になったところをひとつでも実行してみてください。そこから新しい脳のアンテナが立ち、これまでにないおもしろいことがあなたのまわりでどんどん起こっていくはずです。

もし一歩でも前に進みたいと思われたなら、ぜひ私のホームページをのぞいてみてください（http://okane-class.com）。本書に書ききれなかった情報を提供していますので、きっと、あなたの人生が変わるきっかけになると思います。

そしていつか、そんなあなたと世界のどこかでバッタリお会いできる日を今から楽しみにしています。最後までお付き合いいただき、ありがとうございました。

２０１５年10月

中井俊憲

日本人《にほんじん》だけが知《し》らない
「がんばらない」投資法《とうしほう》

著　者　中井俊憲《なかいとしのり》

発行所　株式会社　二見書房
〒101-8405
東京都千代田区三崎町2-18-11 堀内三崎町ビル
電話　03 (3515) 2311 [営業]
03 (3515) 2313 [編集]
振替　00170-4-2639

印刷所　株式会社　堀内印刷所
製本所　株式会社　村上製本所

出版プロデュース　株式会社天才工場 吉田浩
編集協力　秦まゆな／石川メグミ
ブックデザイン　河石真由美
DTP組版・図版　有限会社CHIP
イラスト　宮島幸次

落丁・乱丁本は送料小社負担にてお取替えします。
定価はカバーに表示してあります。

ISBN978-4-576-15188-5
http://www.futami.co.jp